# Tatuajes de Mariposas

Johnny Karp

**Tatuajes de Mariposas**
Johnny Karp

ISBN 978-1-926917-13-9

Impreso en EE.UU

Copyright © 2010 Psylon Press

Todos los derechos reservados. Excepto para uso en análisis. No se puede reproducir ninguna parte de este libro sin el claro permiso de su autor. Para solicitar informaciones de permisos, escribir a admin@psylonpress.com

Tanto el autor como el editor no asumen la responsabilidad del uso o el mal uso de la información contenida en este libro.

## Otros libros con el mismo autor

- Tatuajes de cruz
- Tatuajes de ángeles
- Tatuajes de calaveras
- Tatuajes de hadas
- Tatuajes de zodiaco
- Tatuajes de escorpiones
- Tatuajes de colibrí
- Tatuajes de dragones
- Tatuajes de delfines
- Tatuajes de querubín

Más libros, en desarrollo.

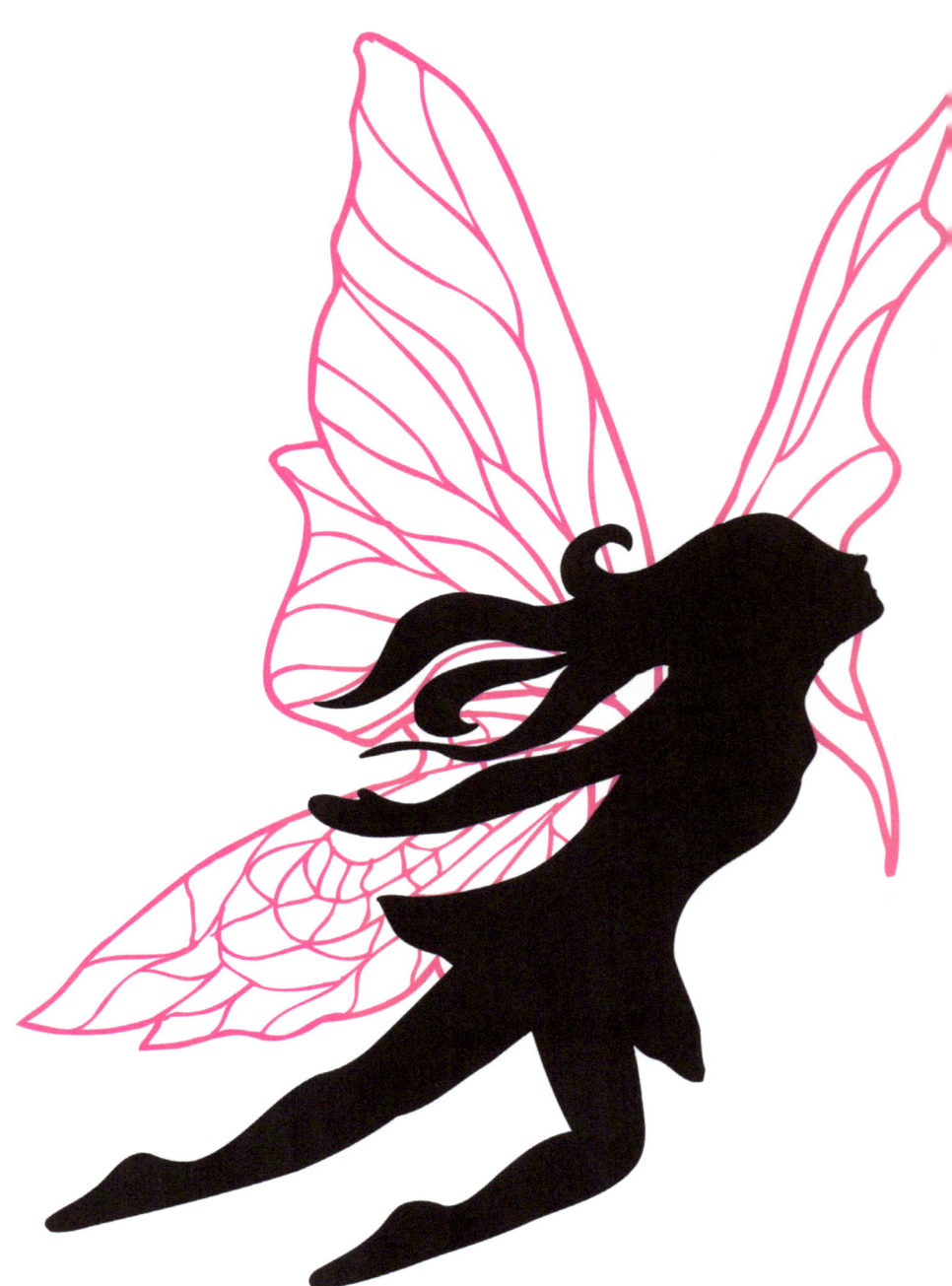

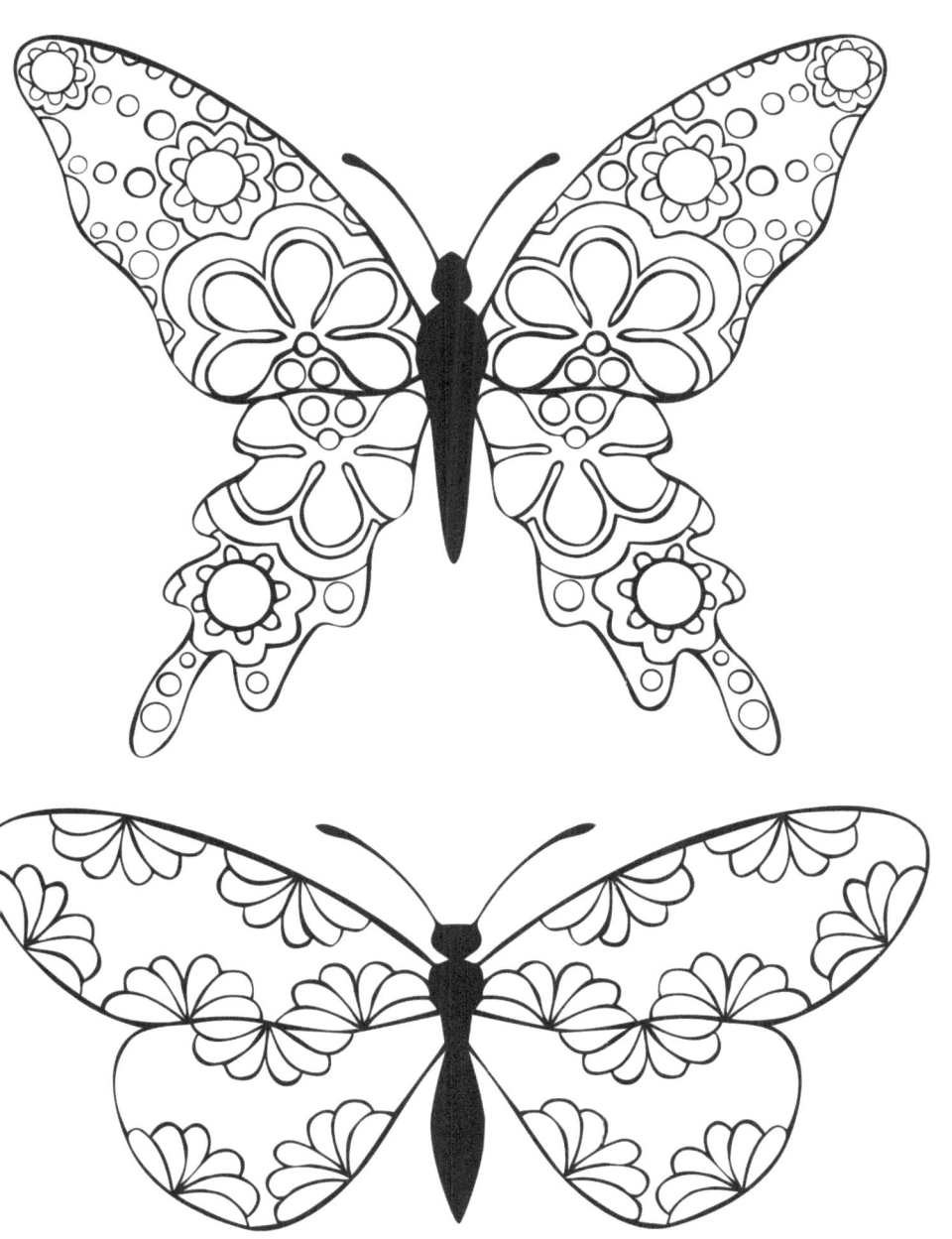

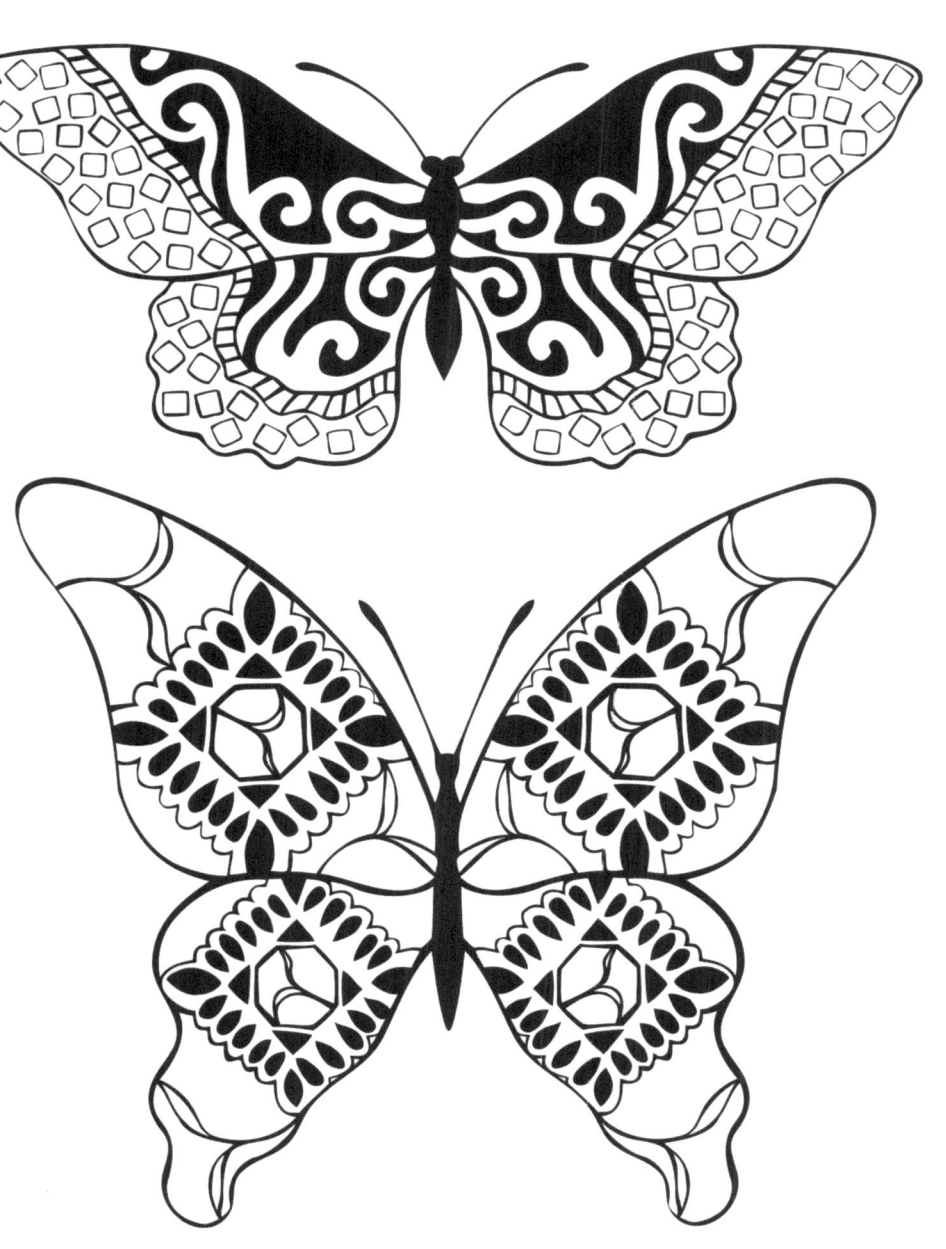

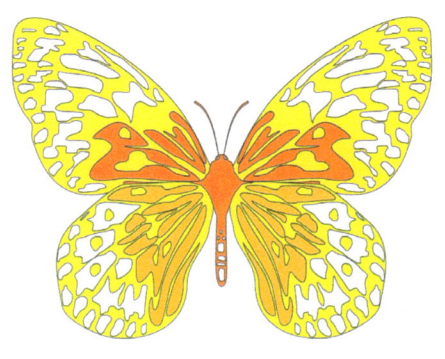
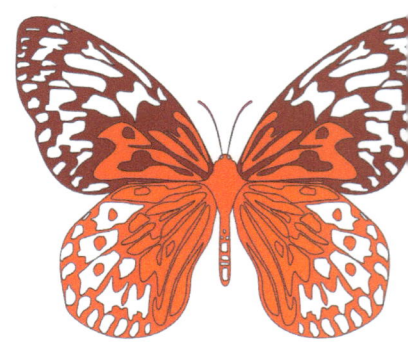
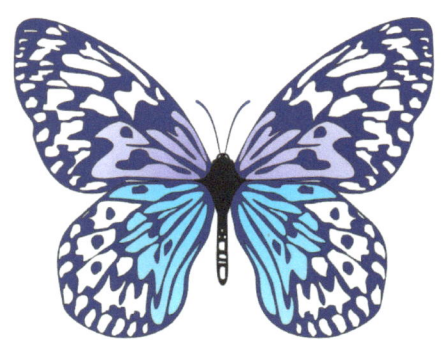
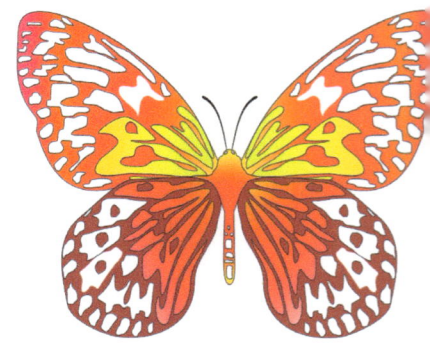
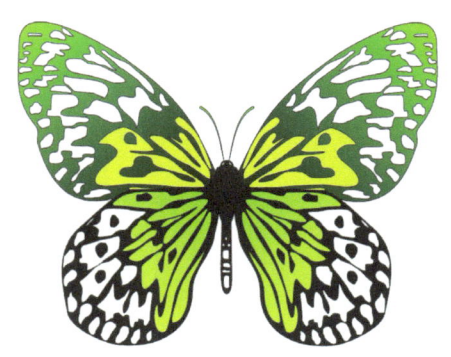
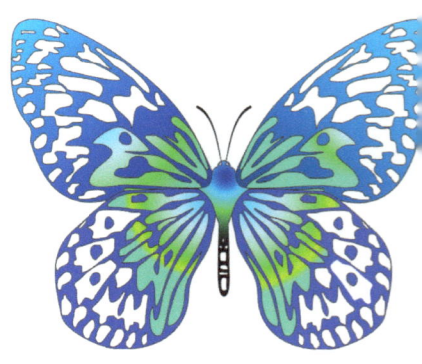

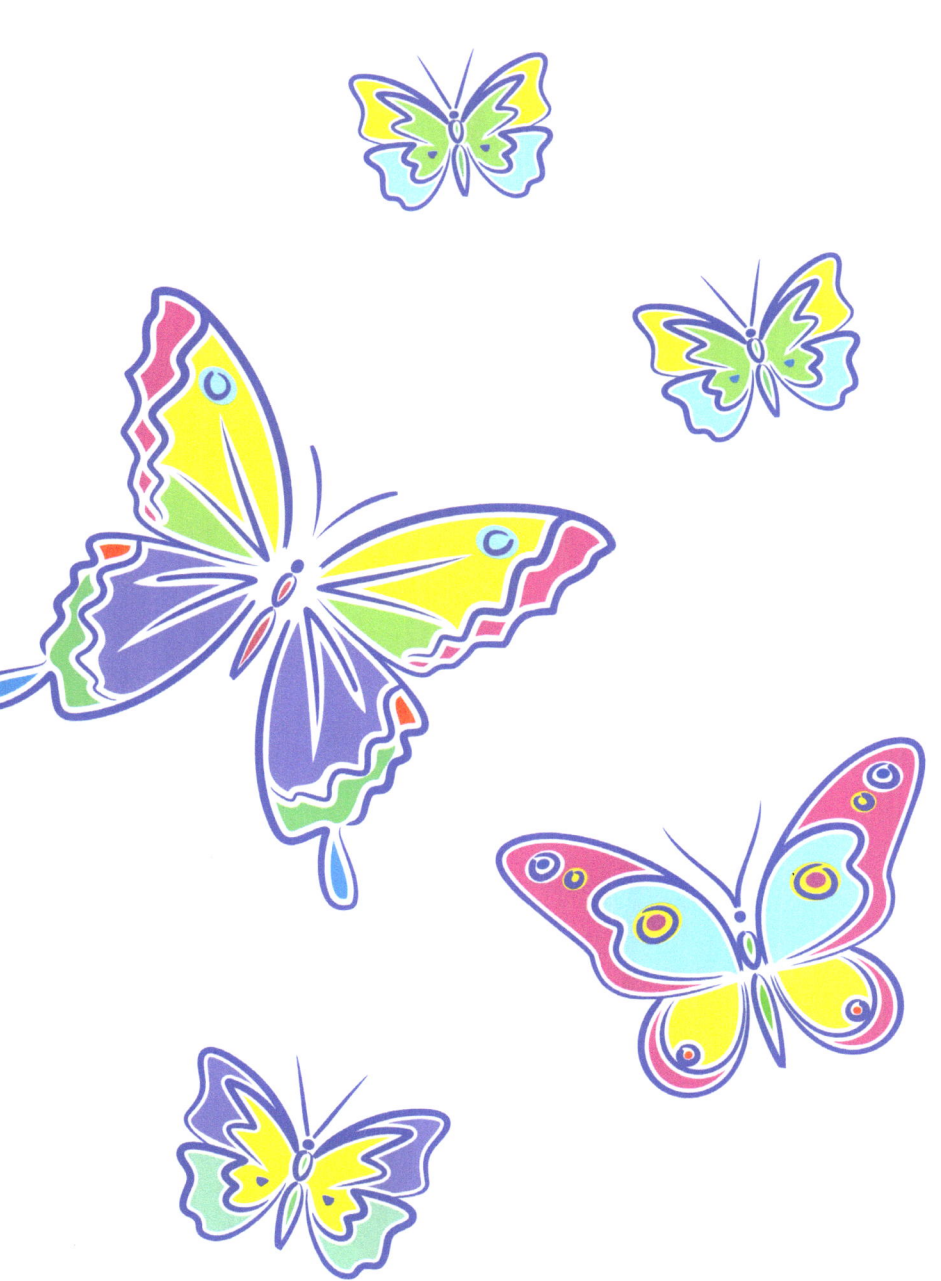

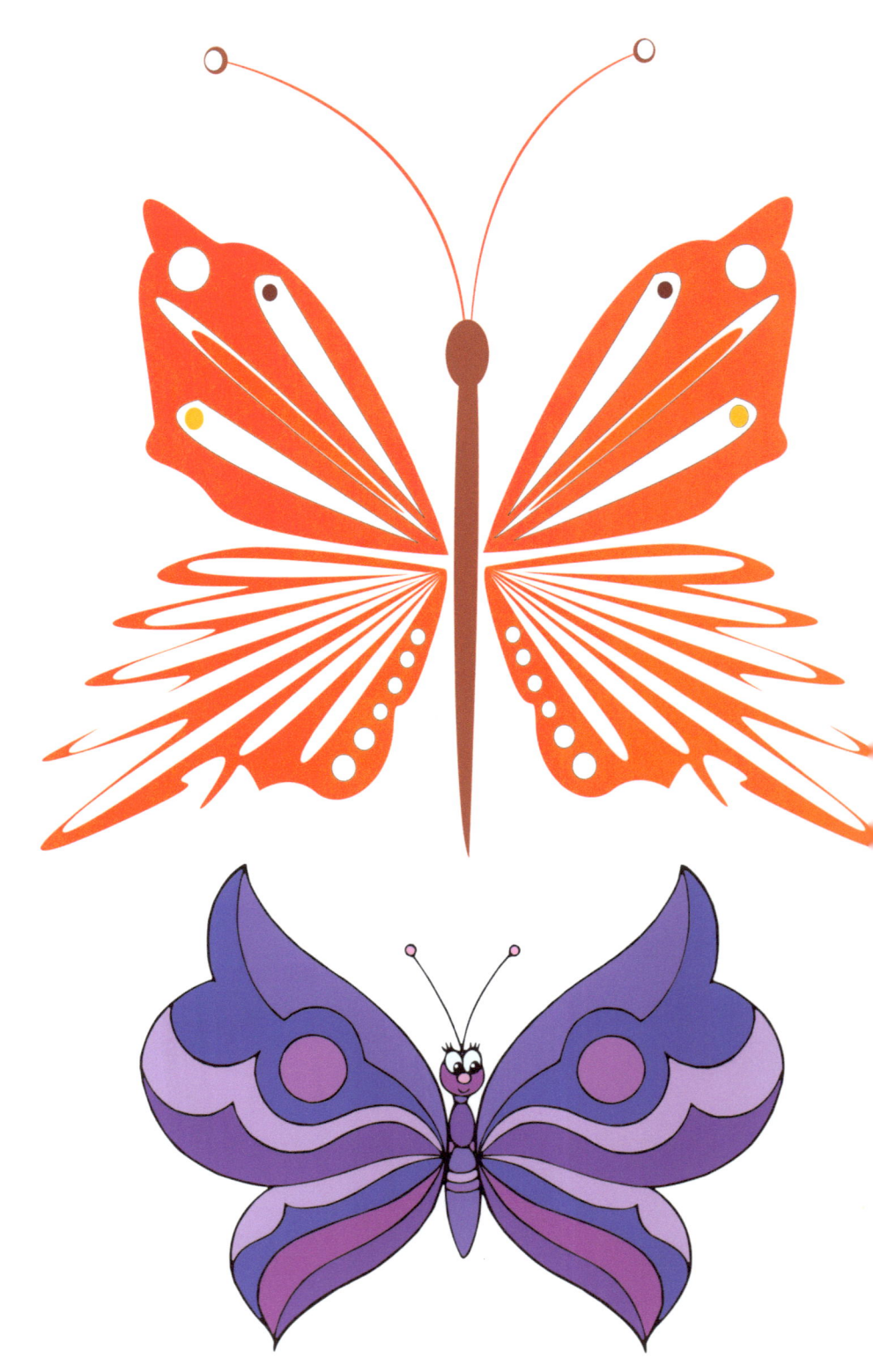

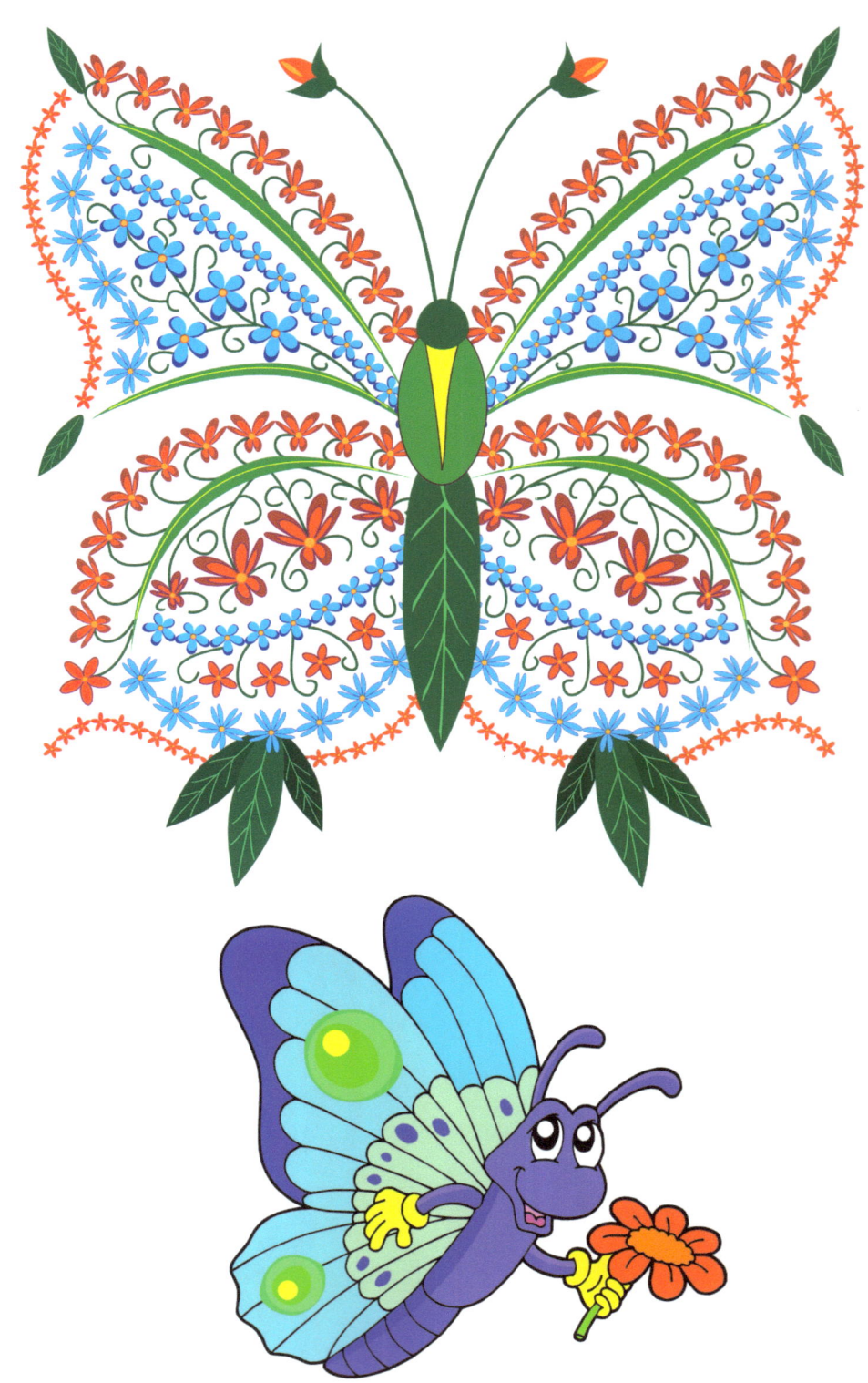

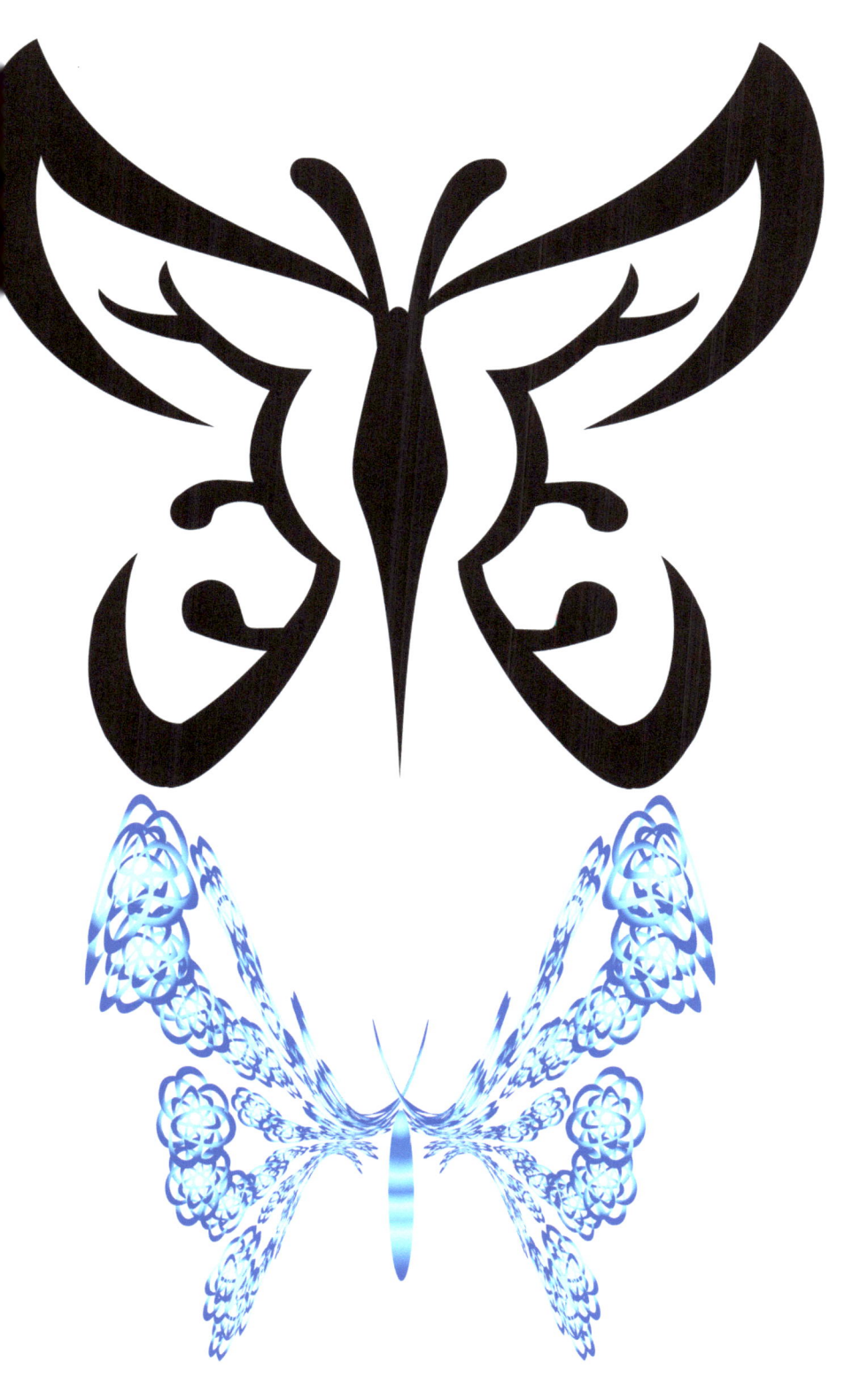

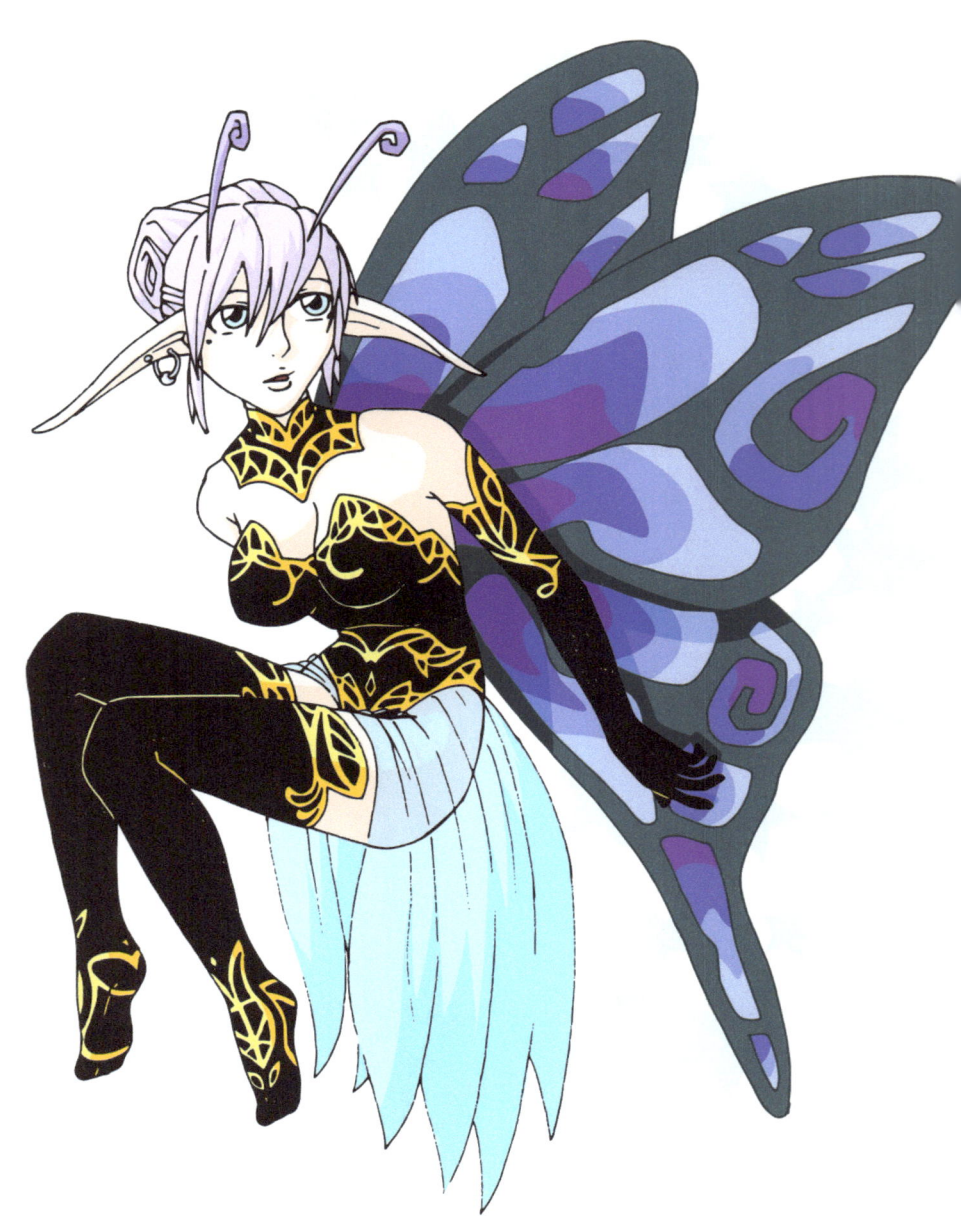

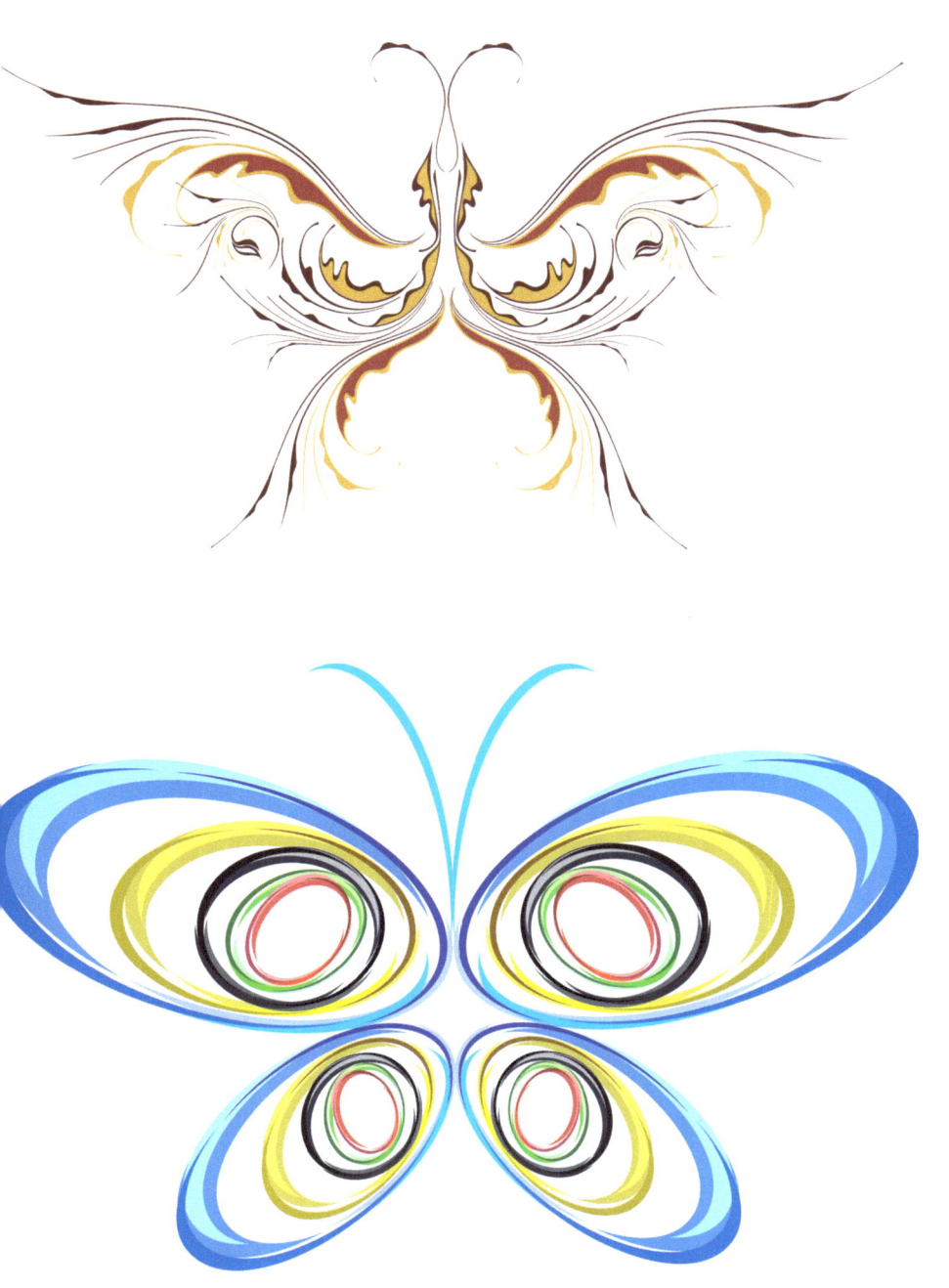

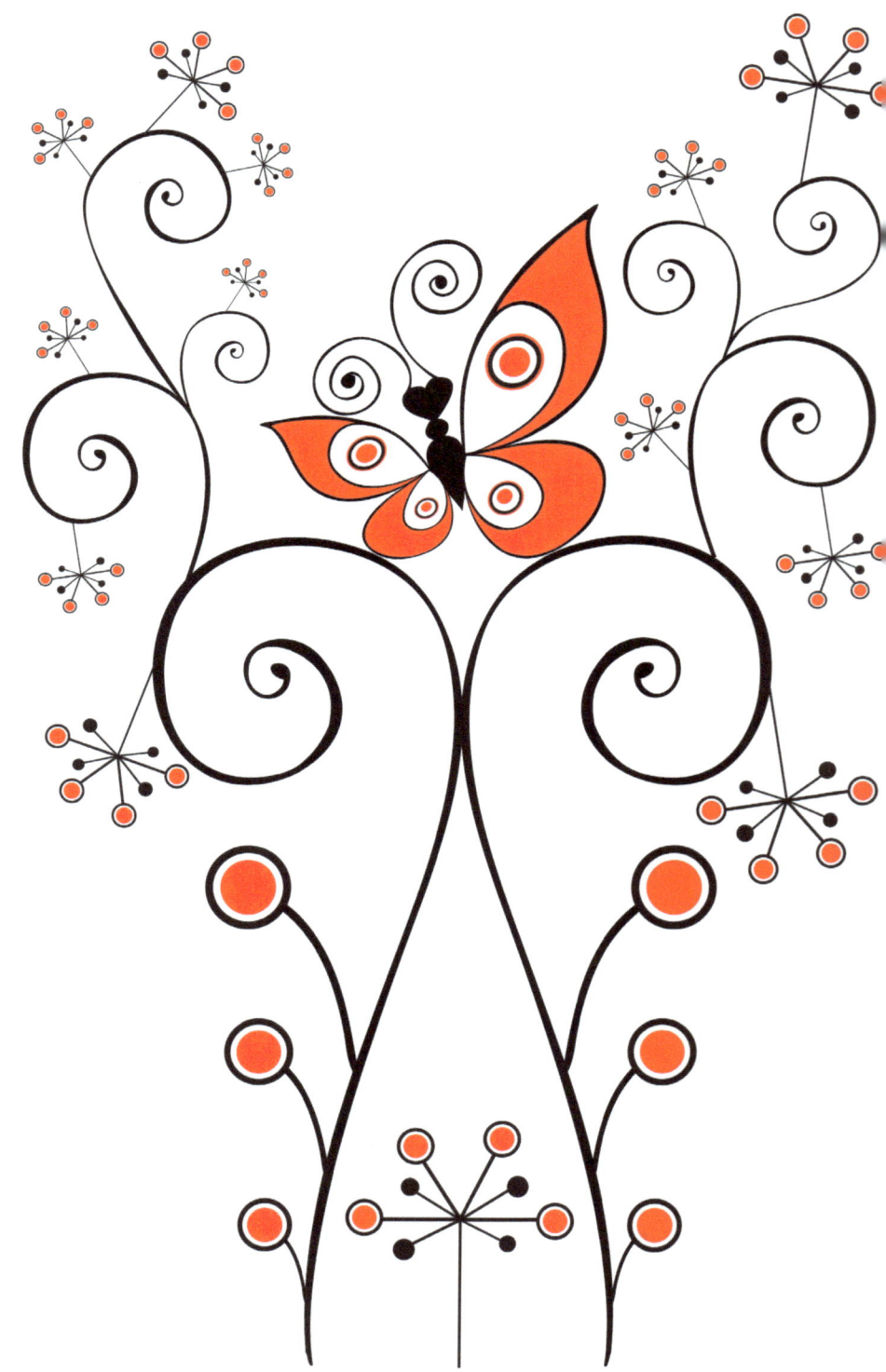

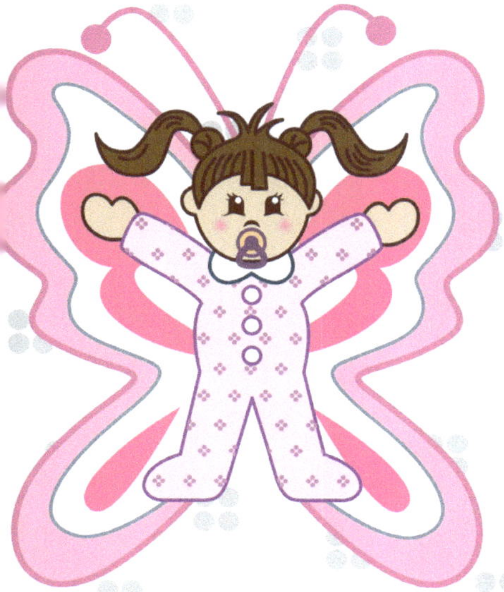

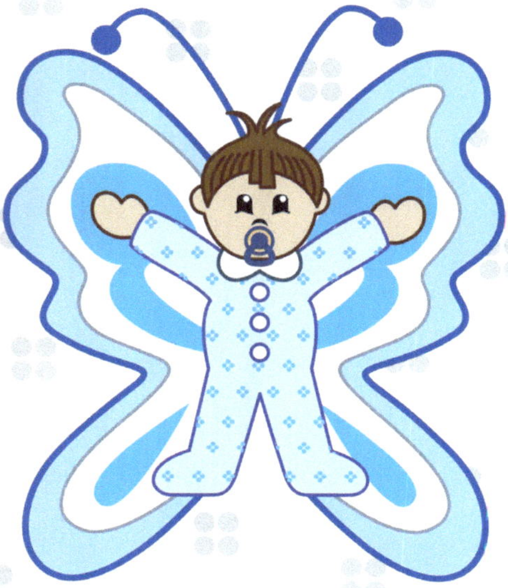

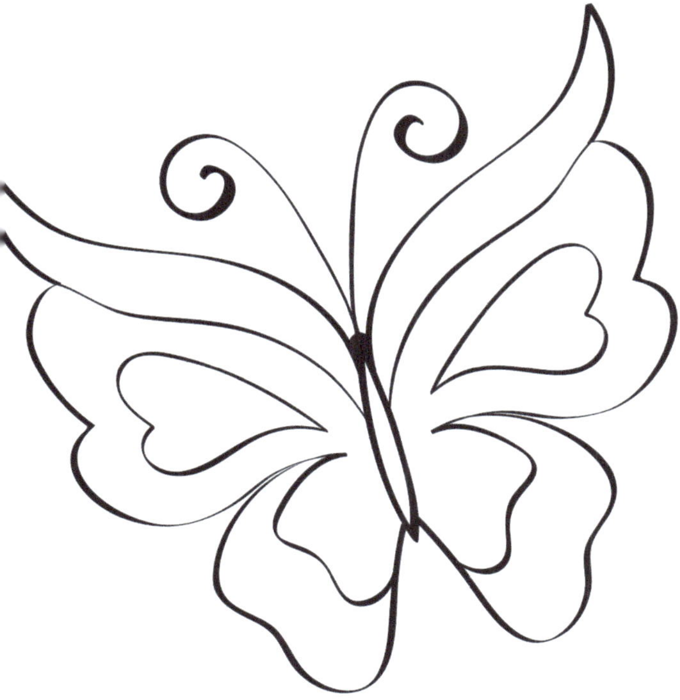

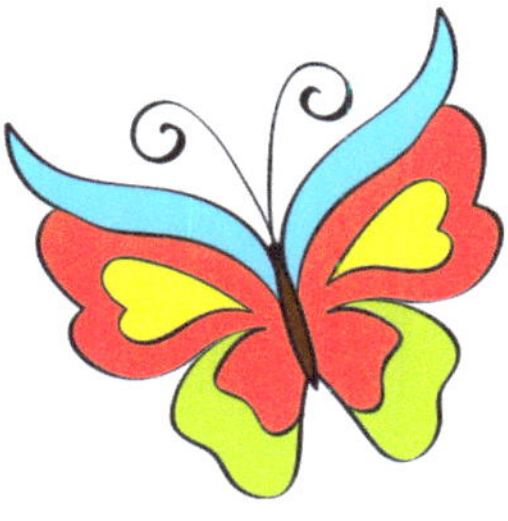

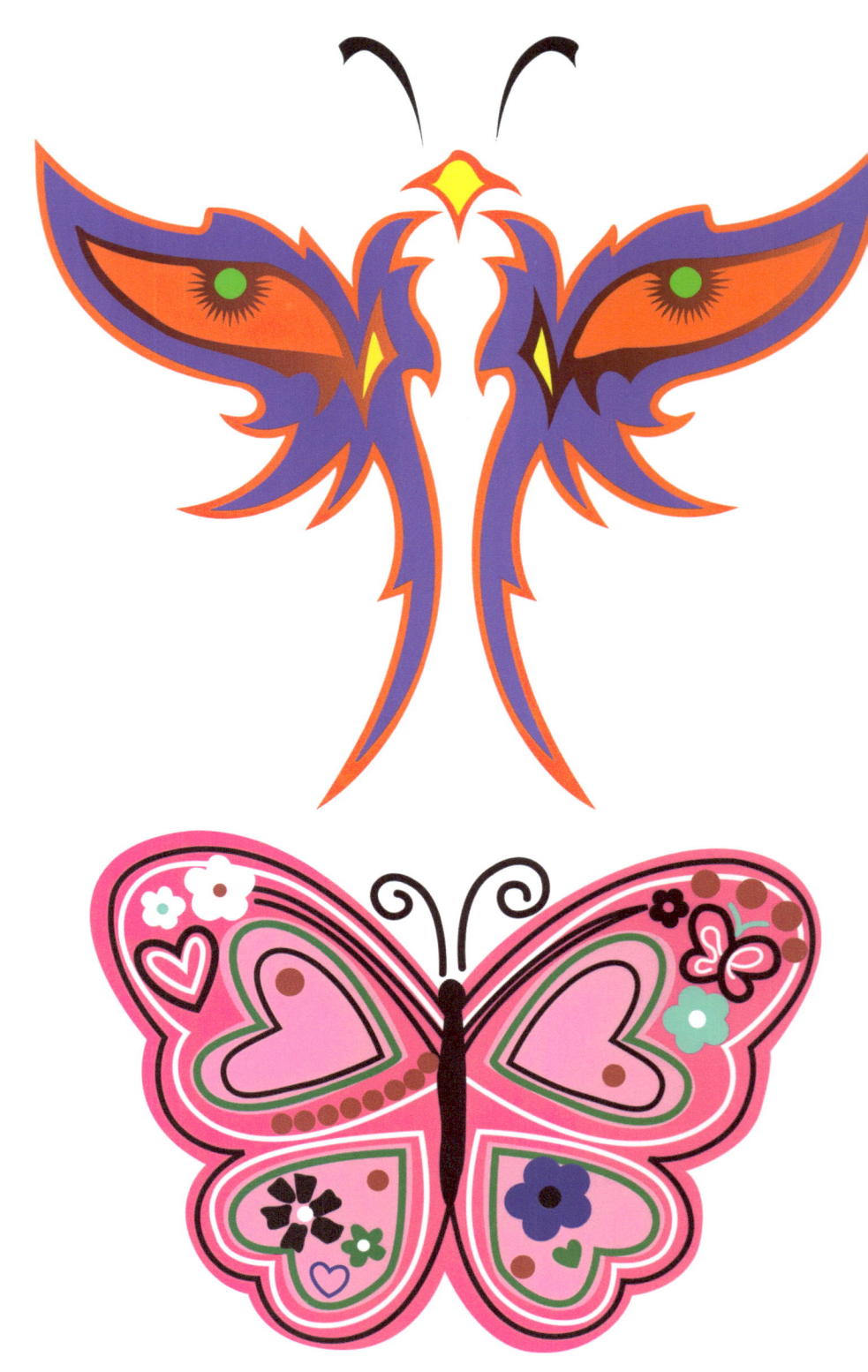

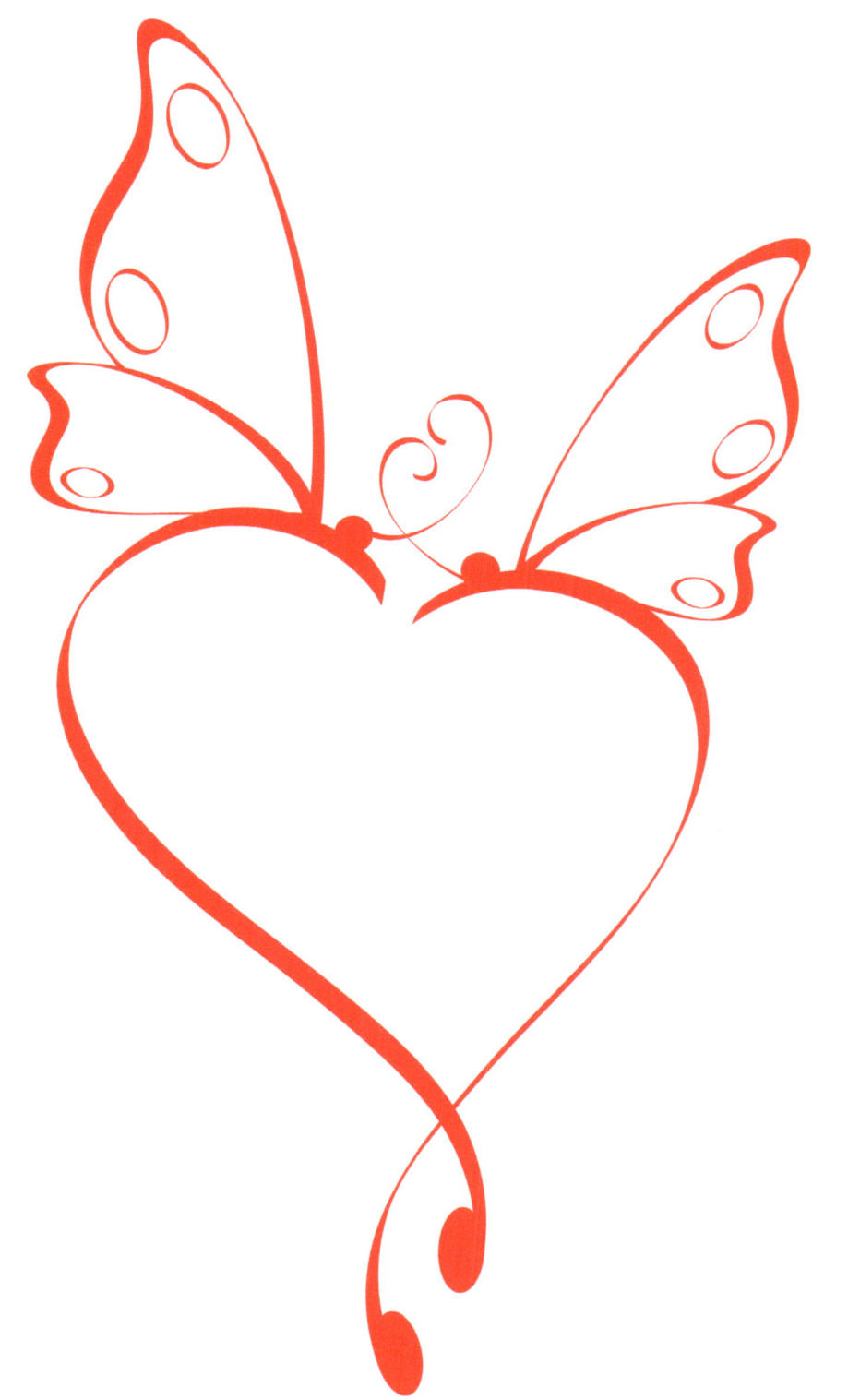

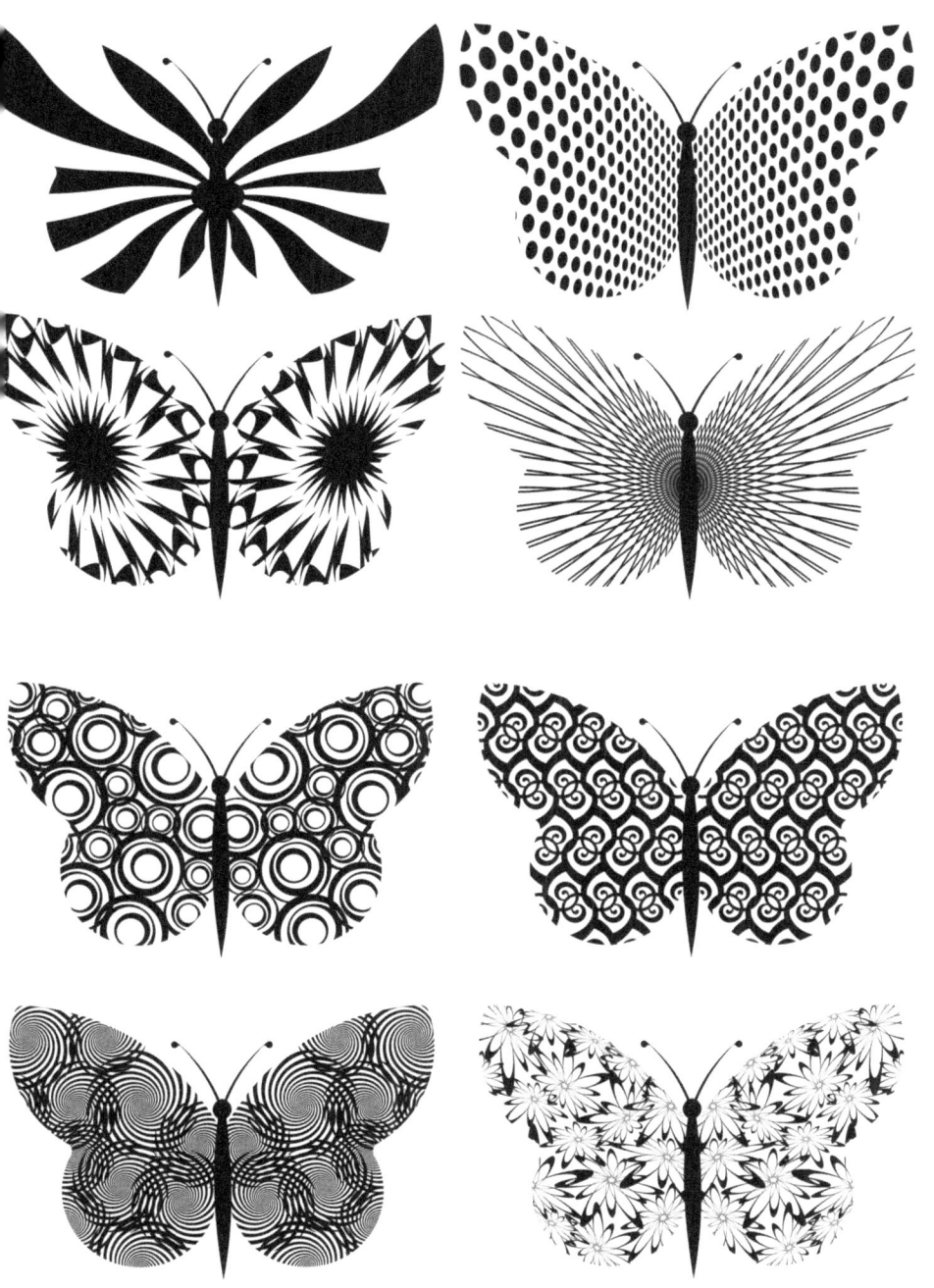

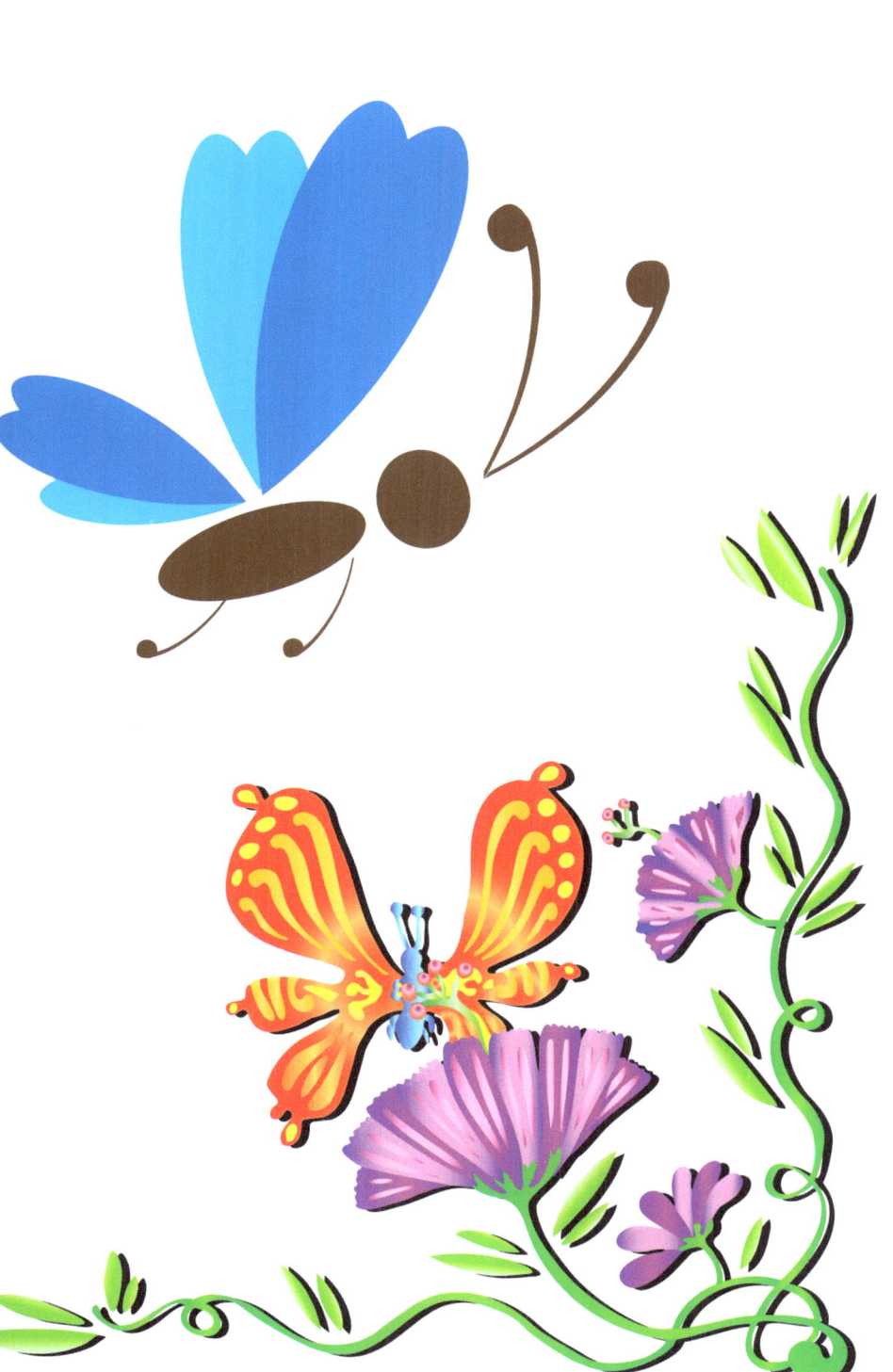

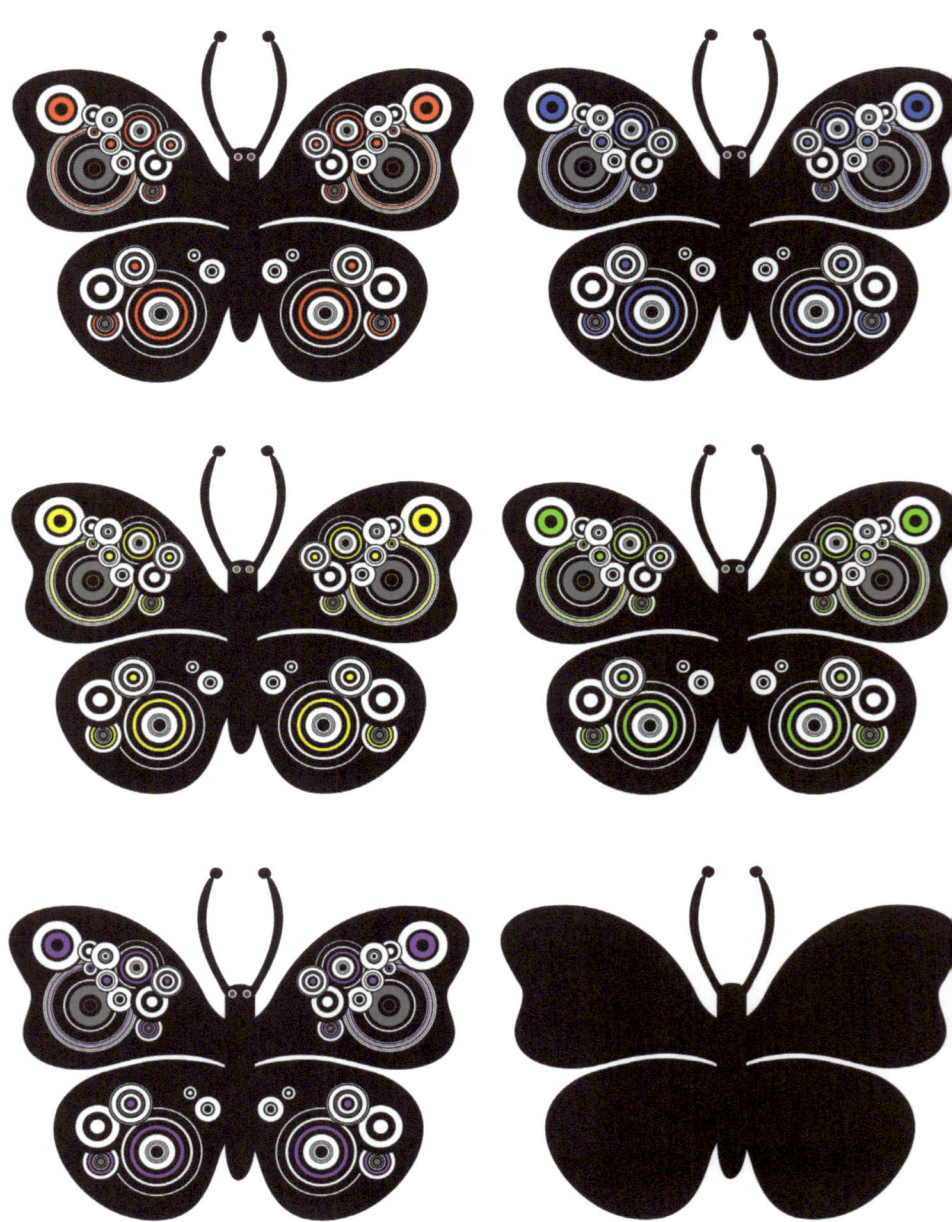

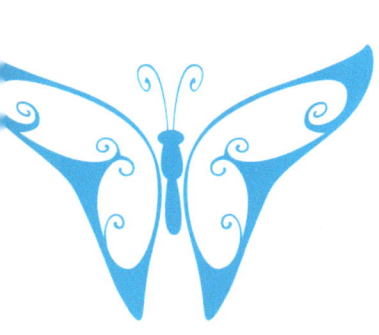
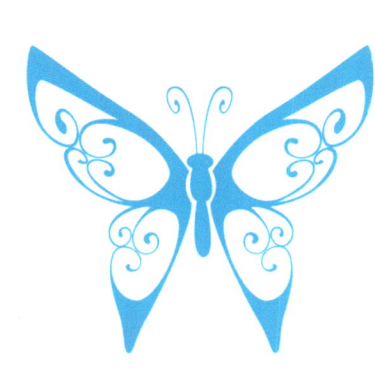
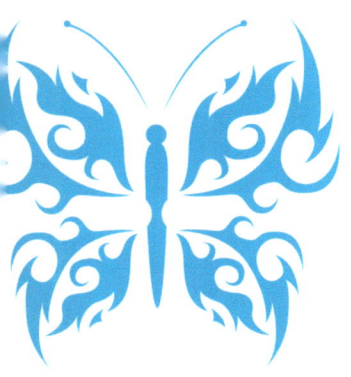
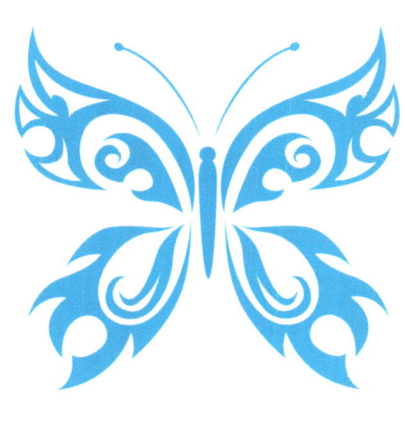
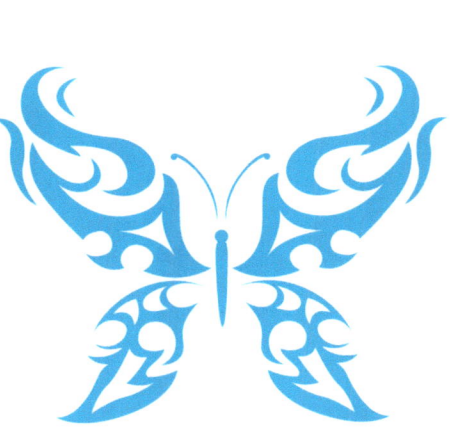

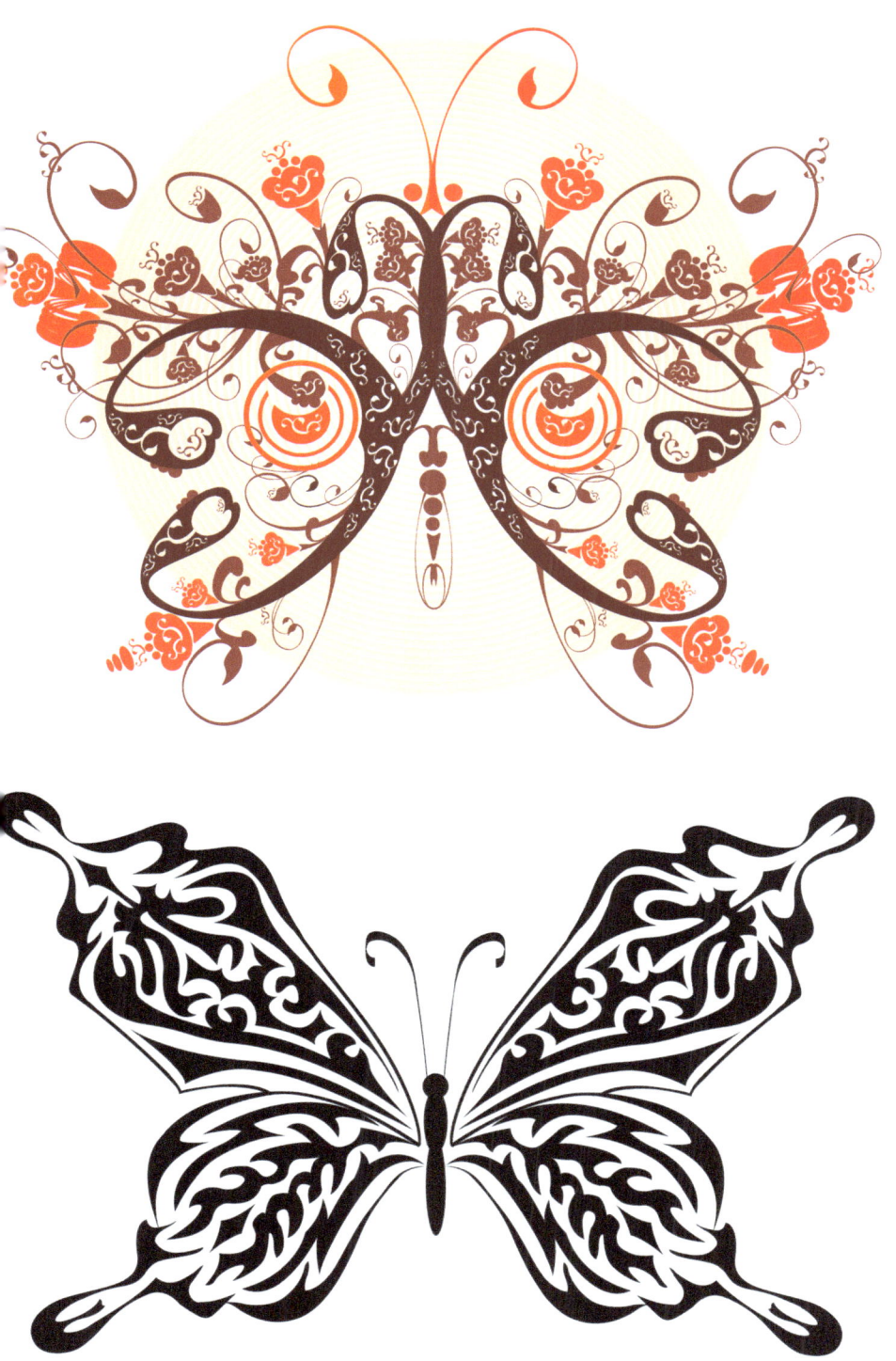

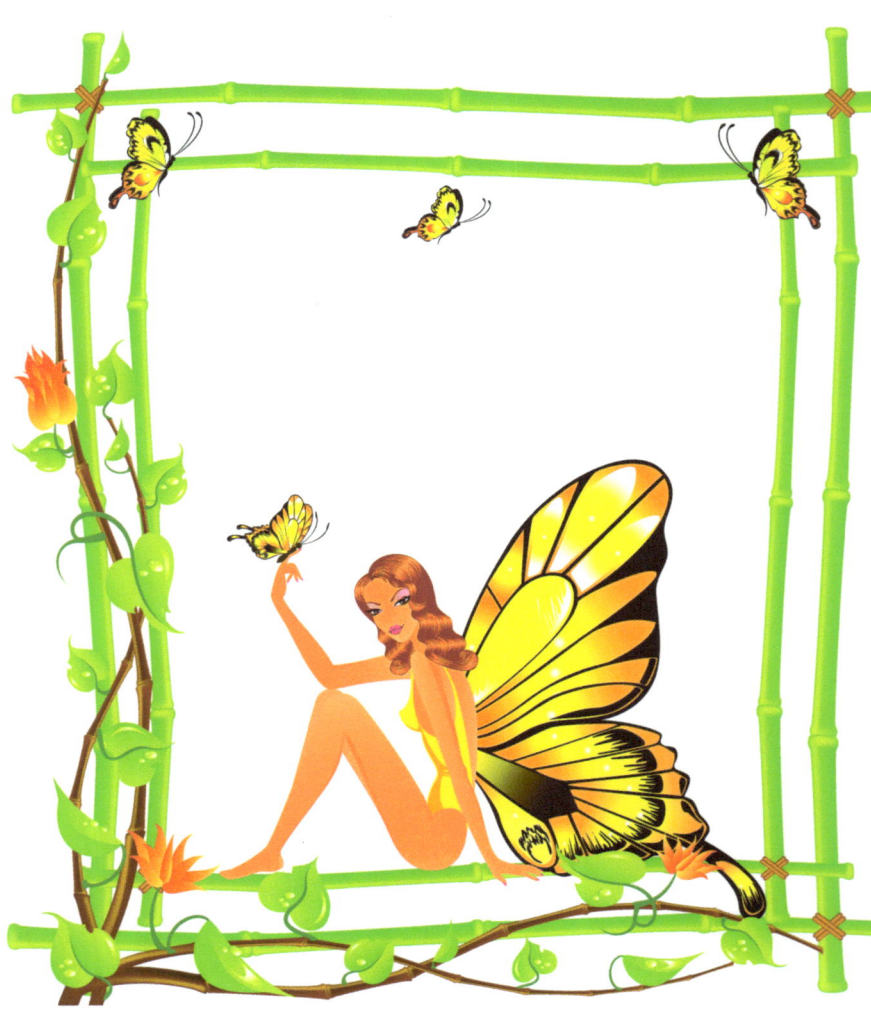

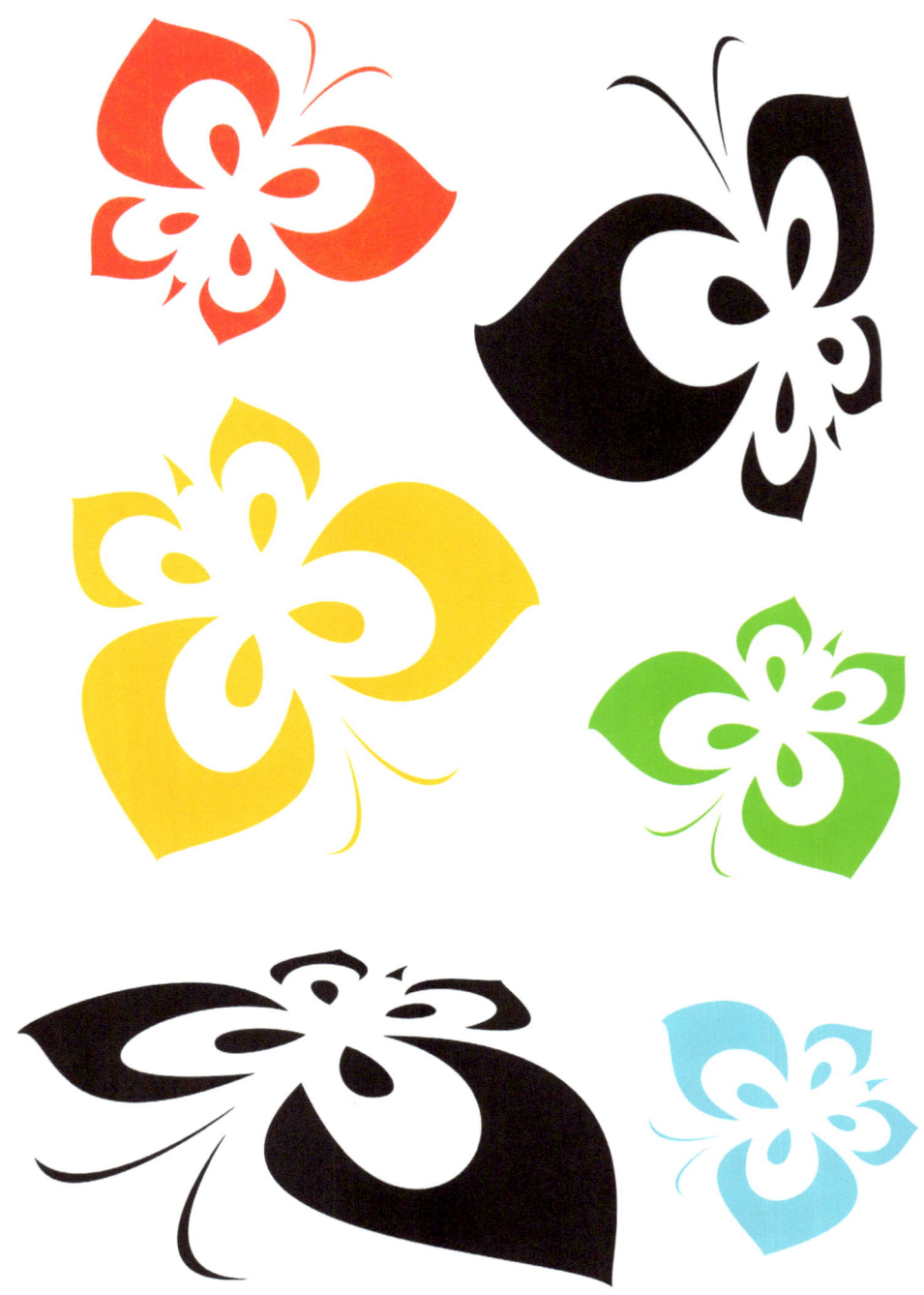

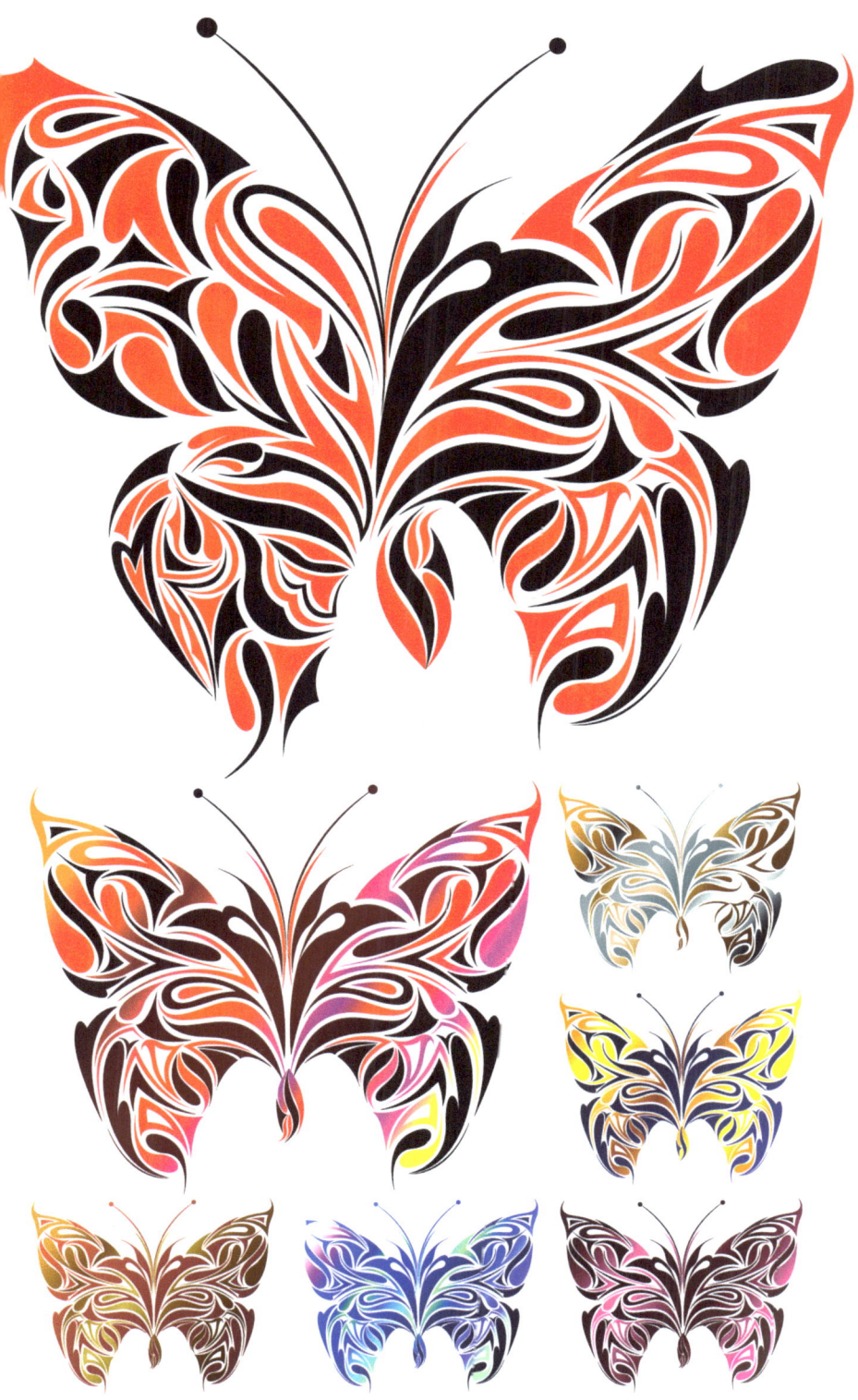

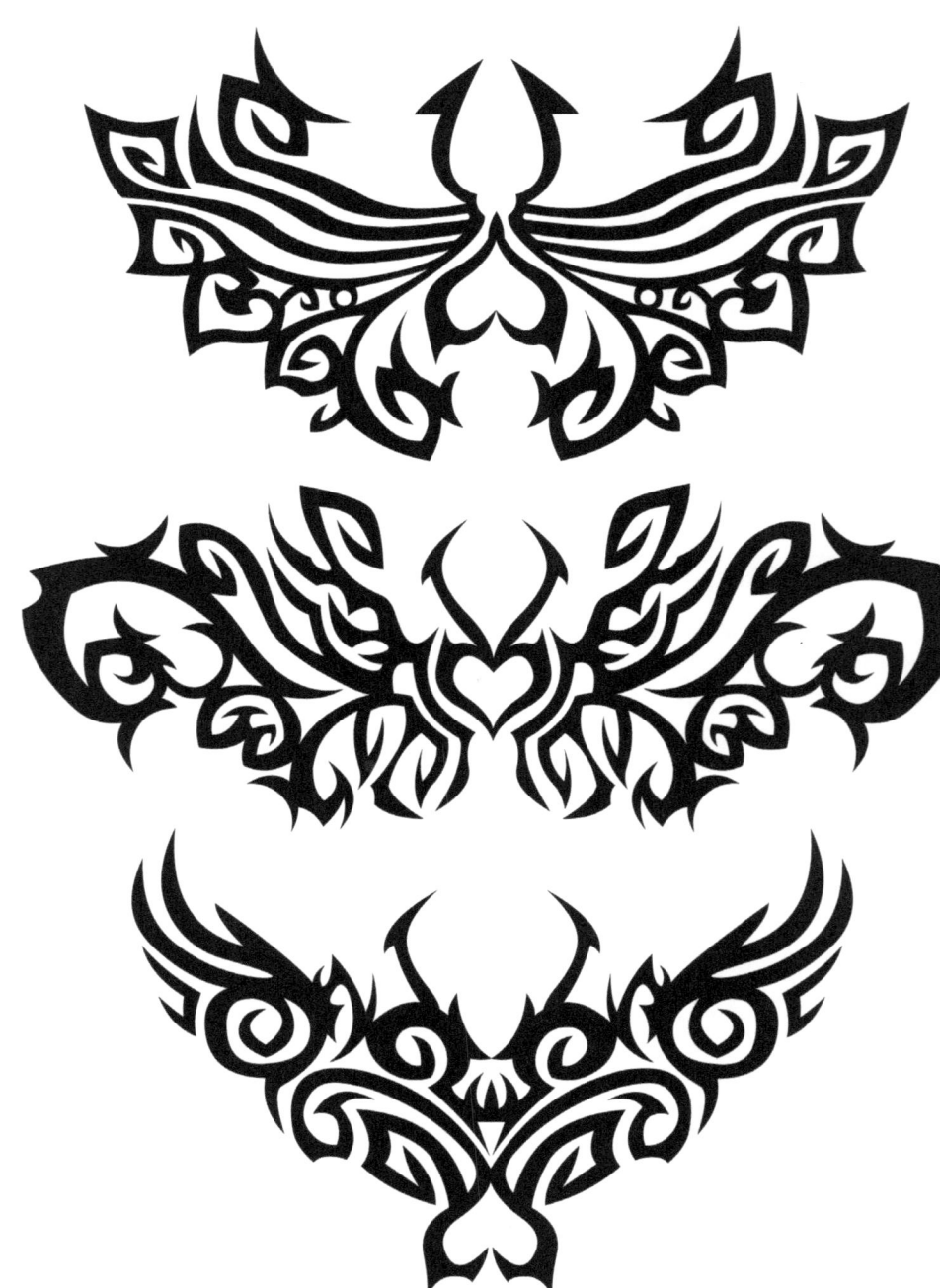

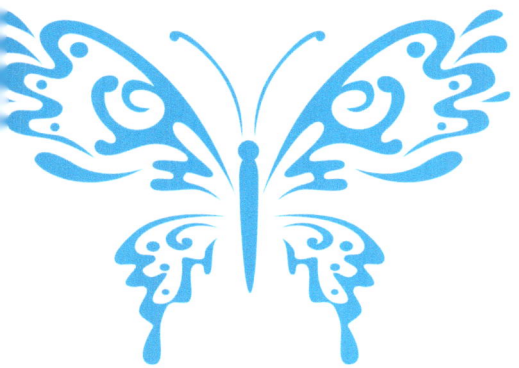
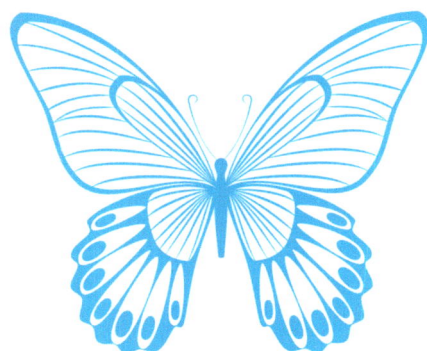
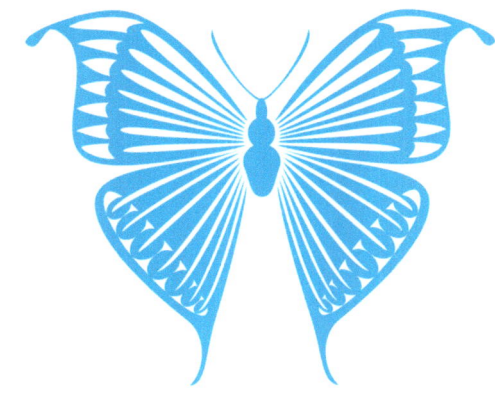

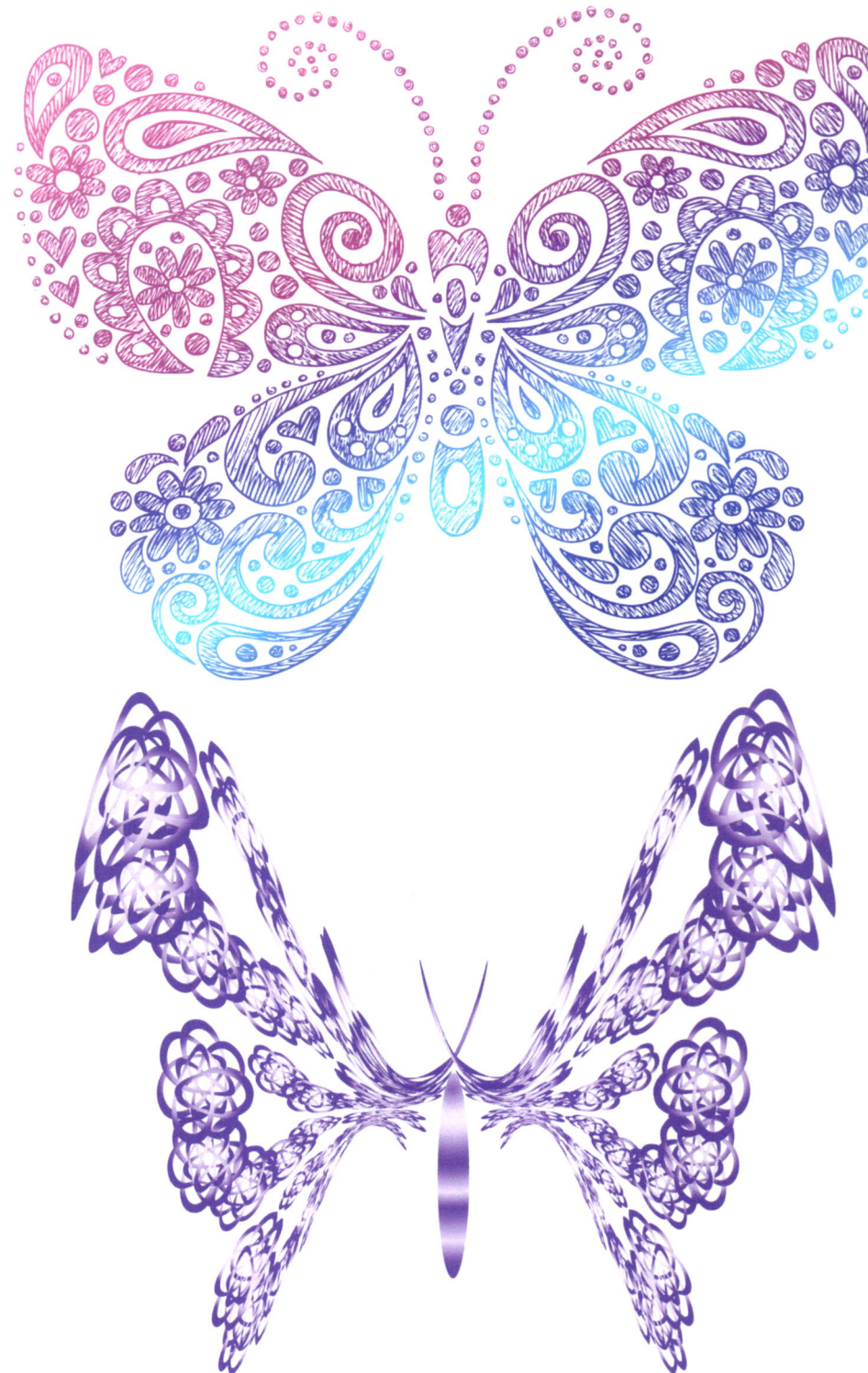

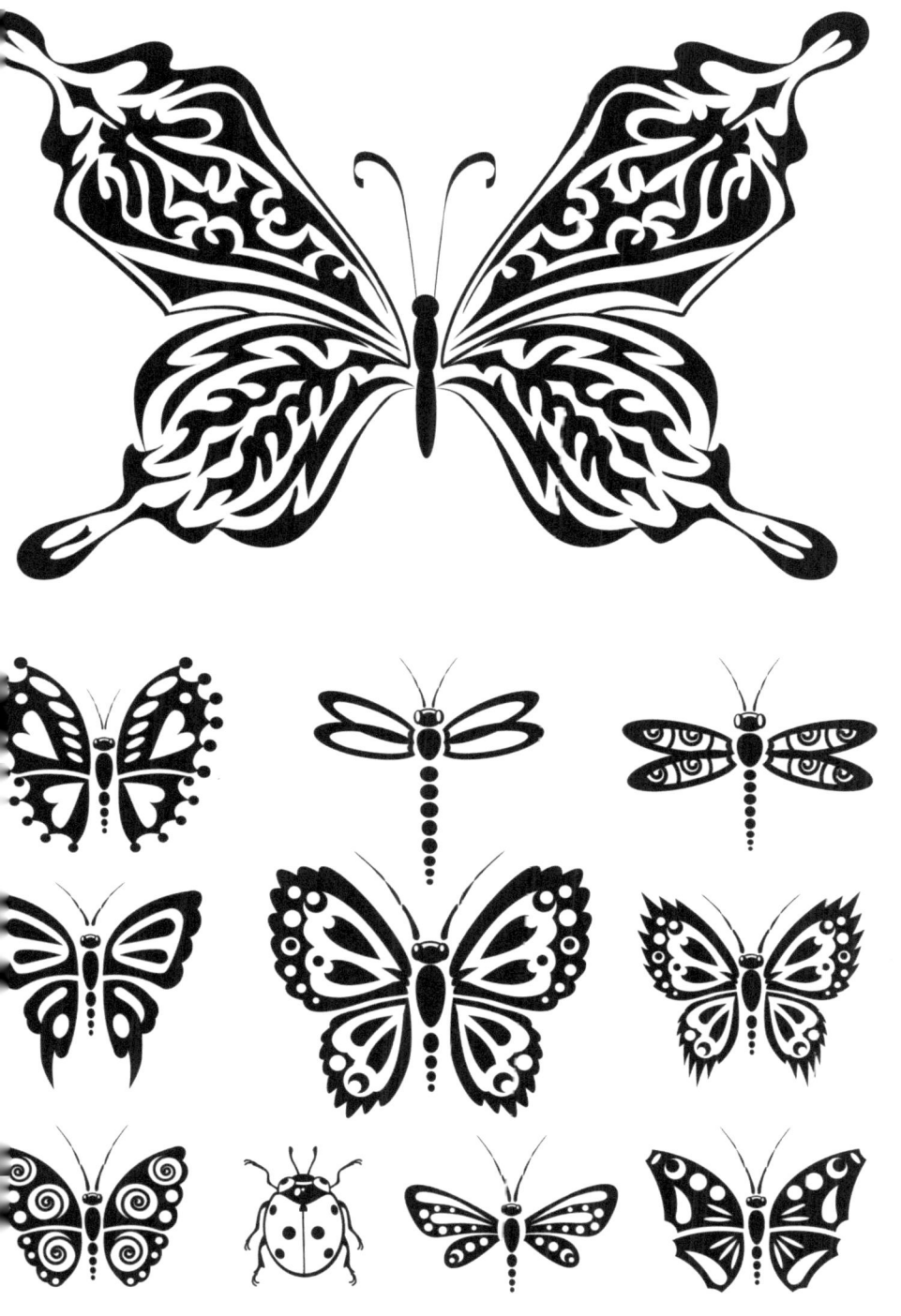

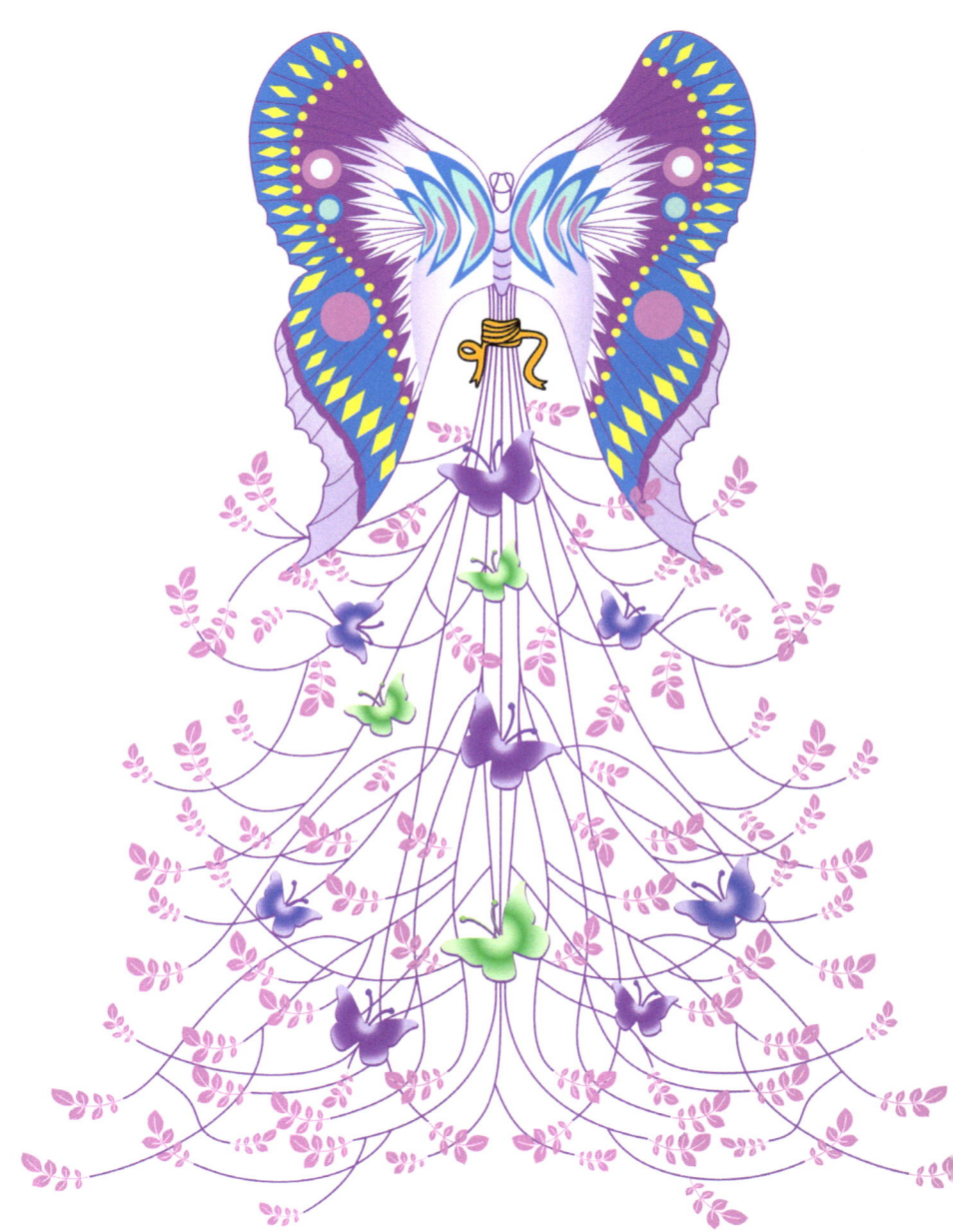

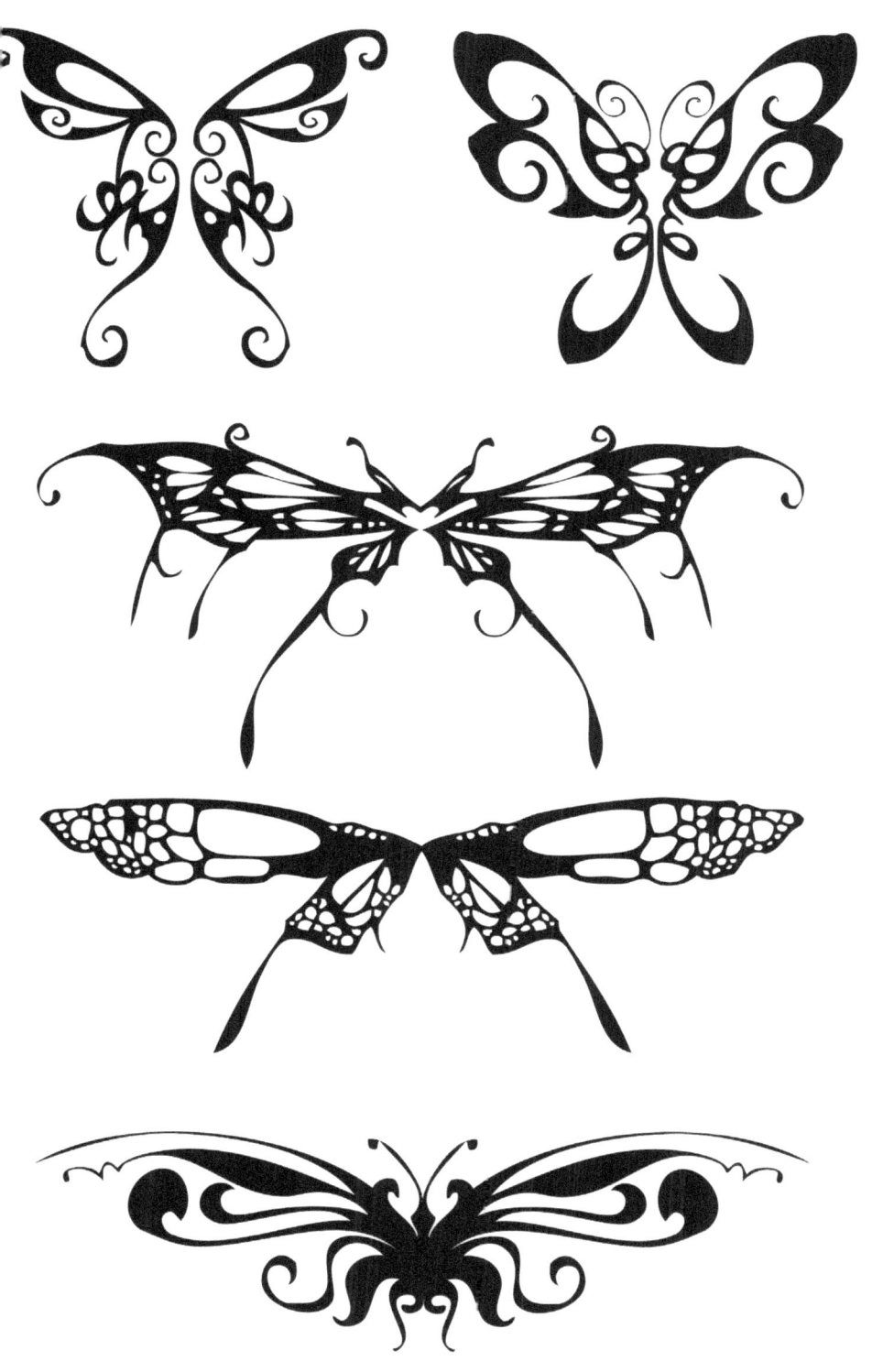

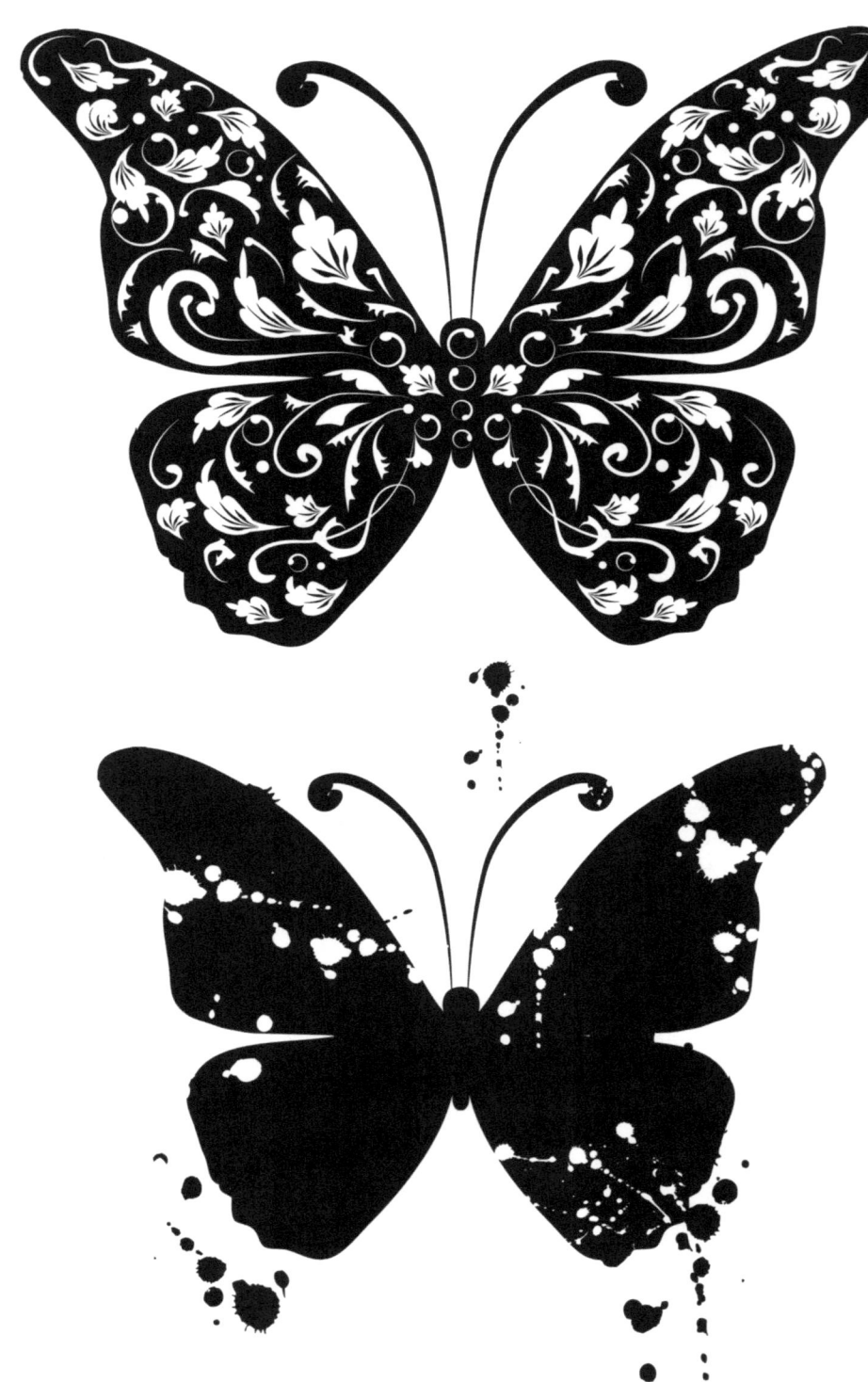

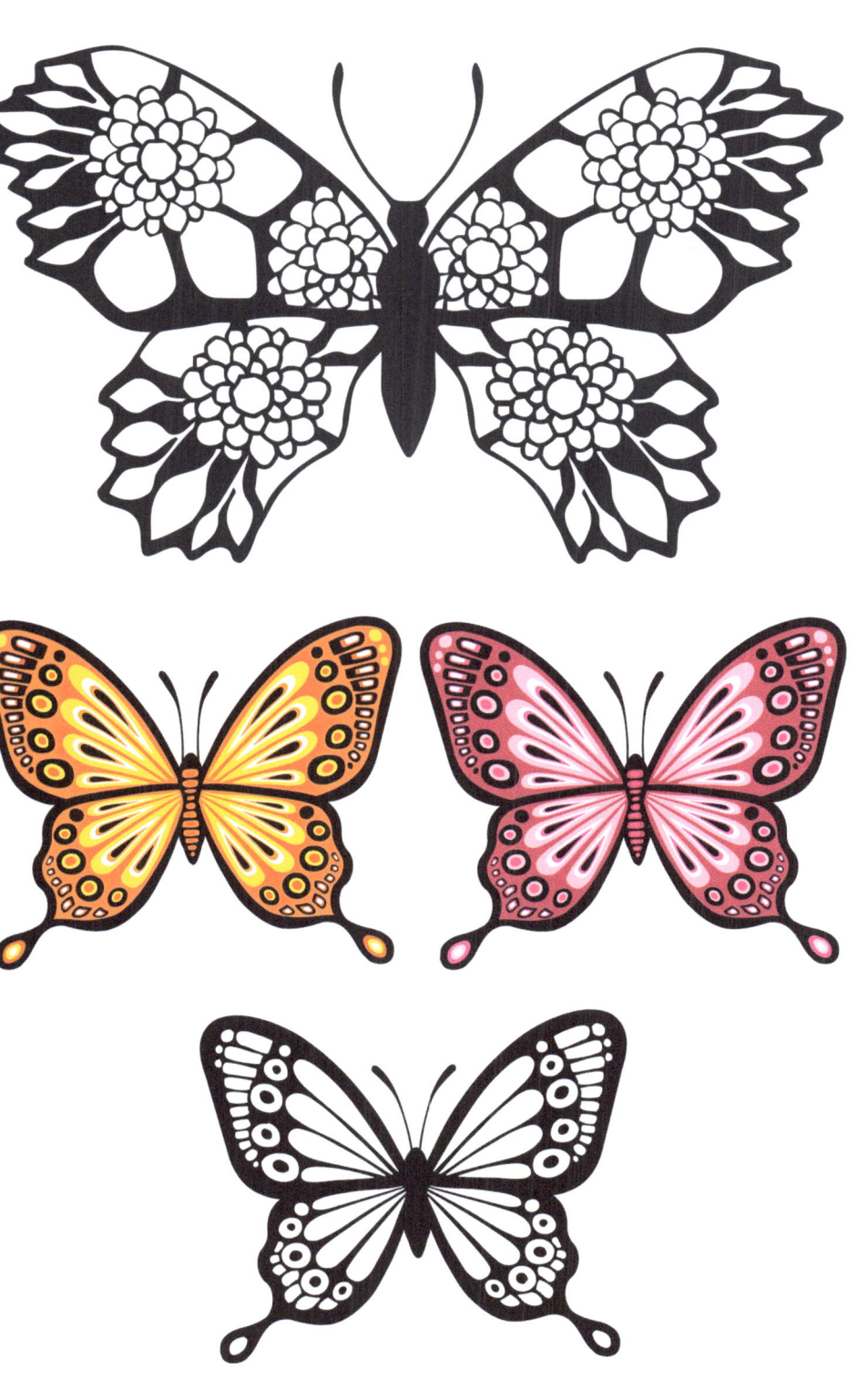

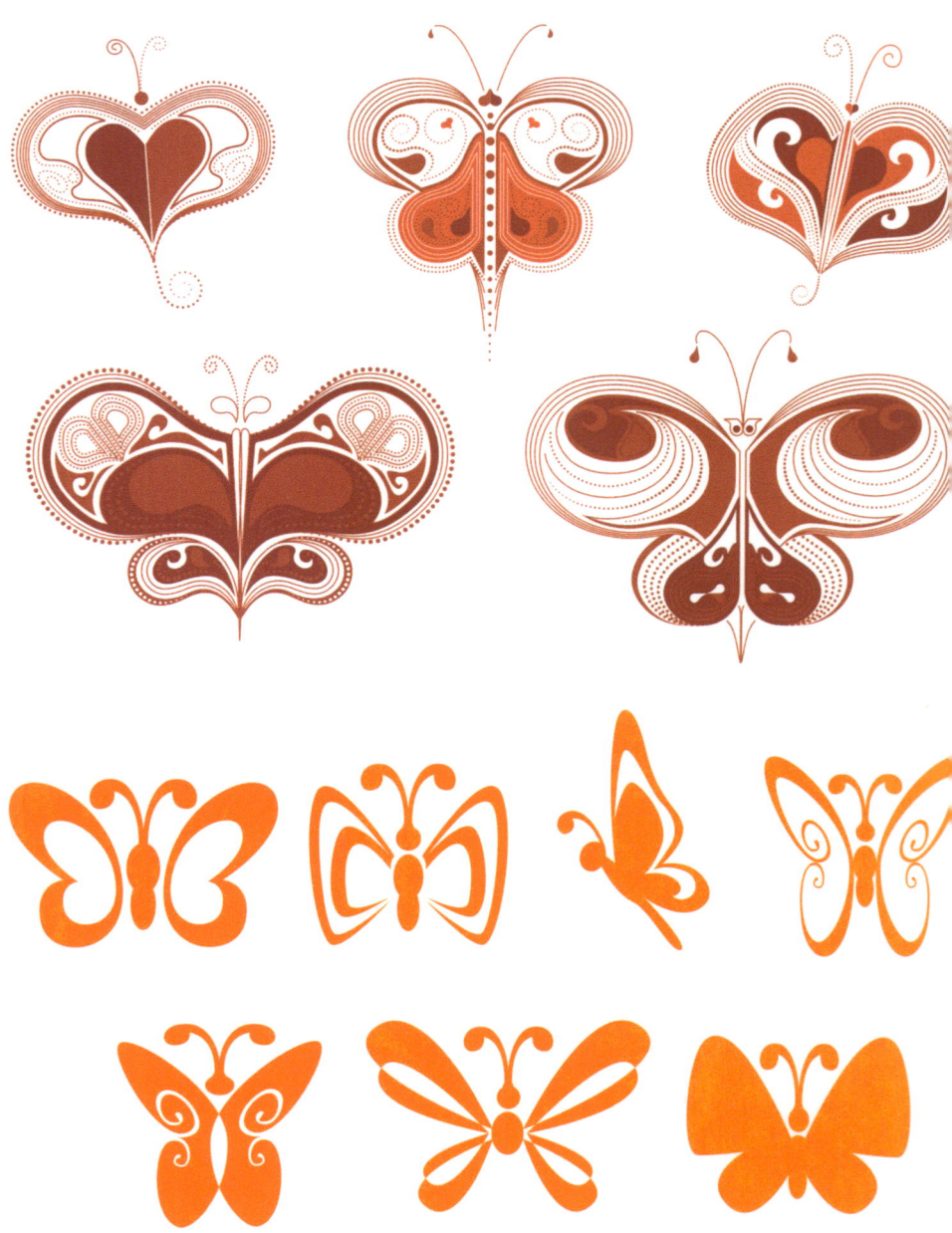

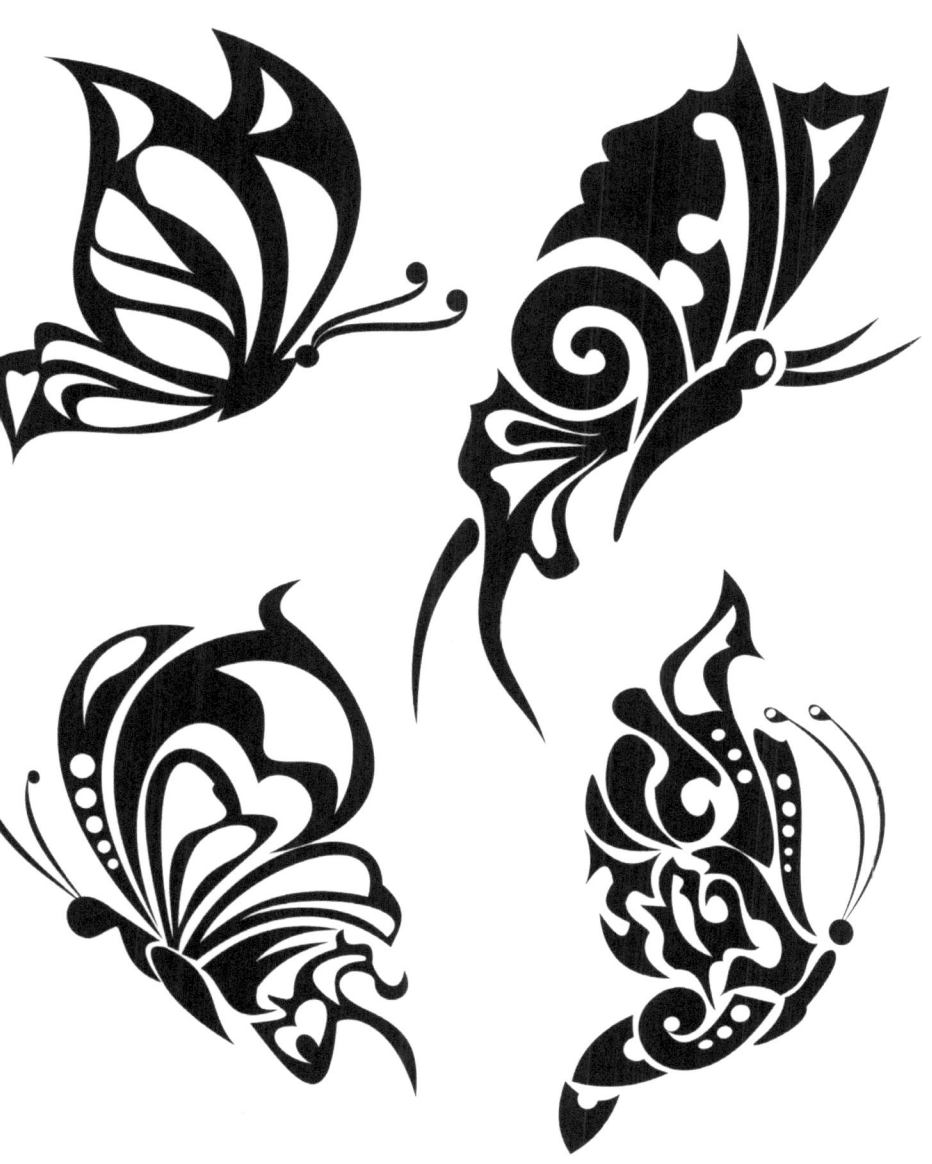

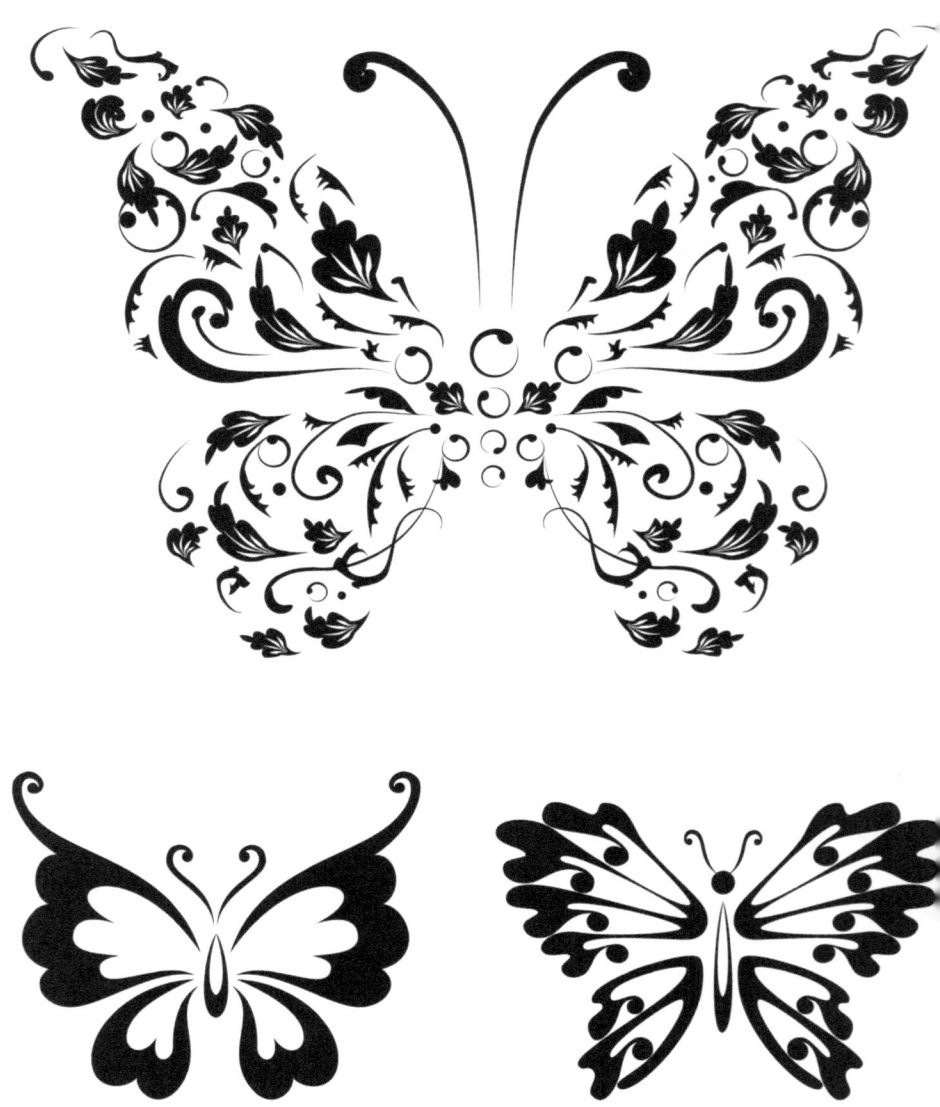

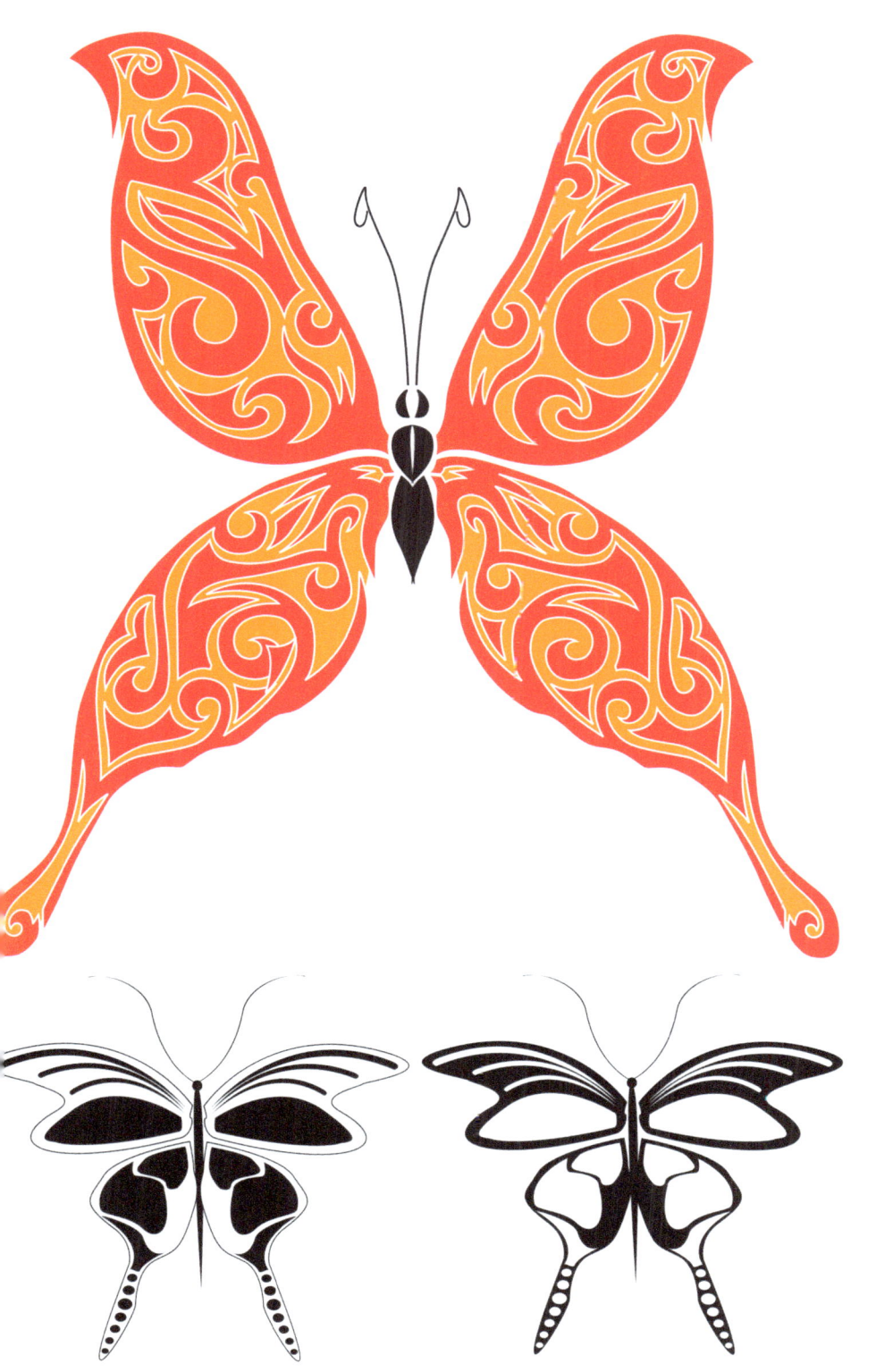

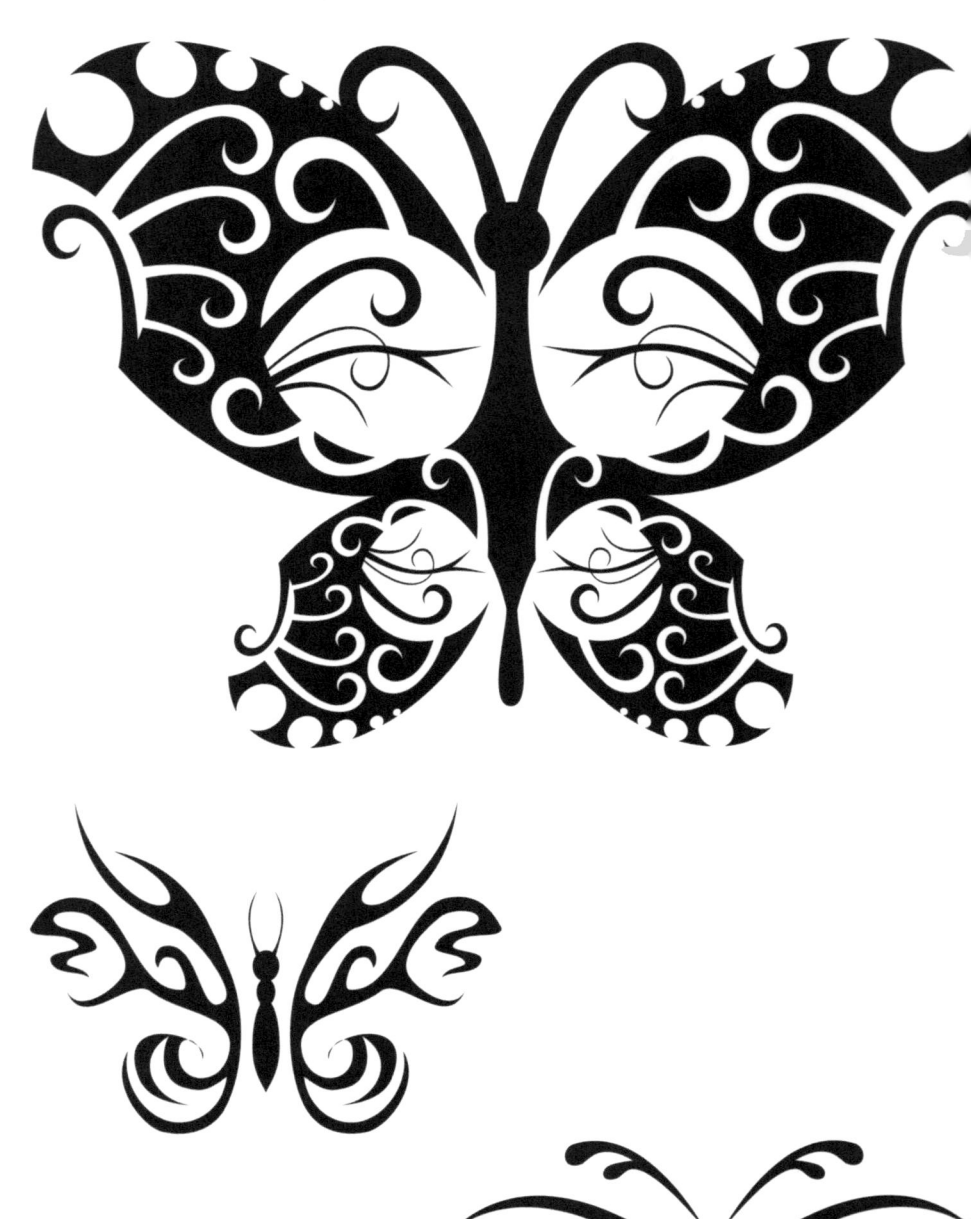

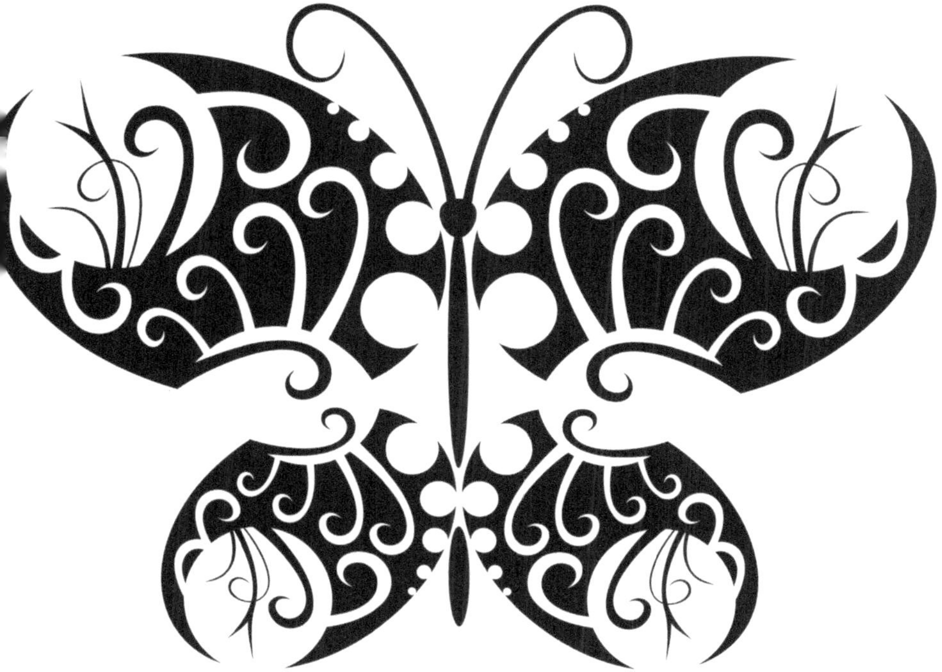

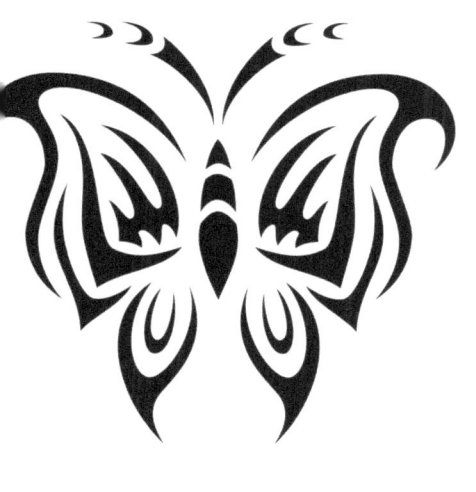
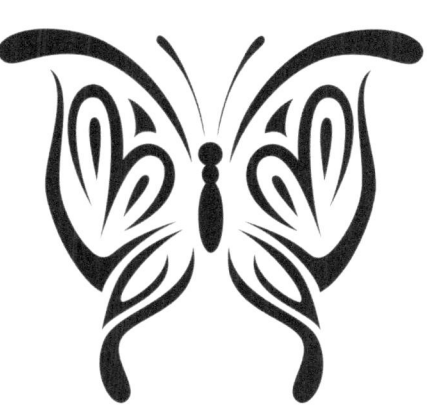

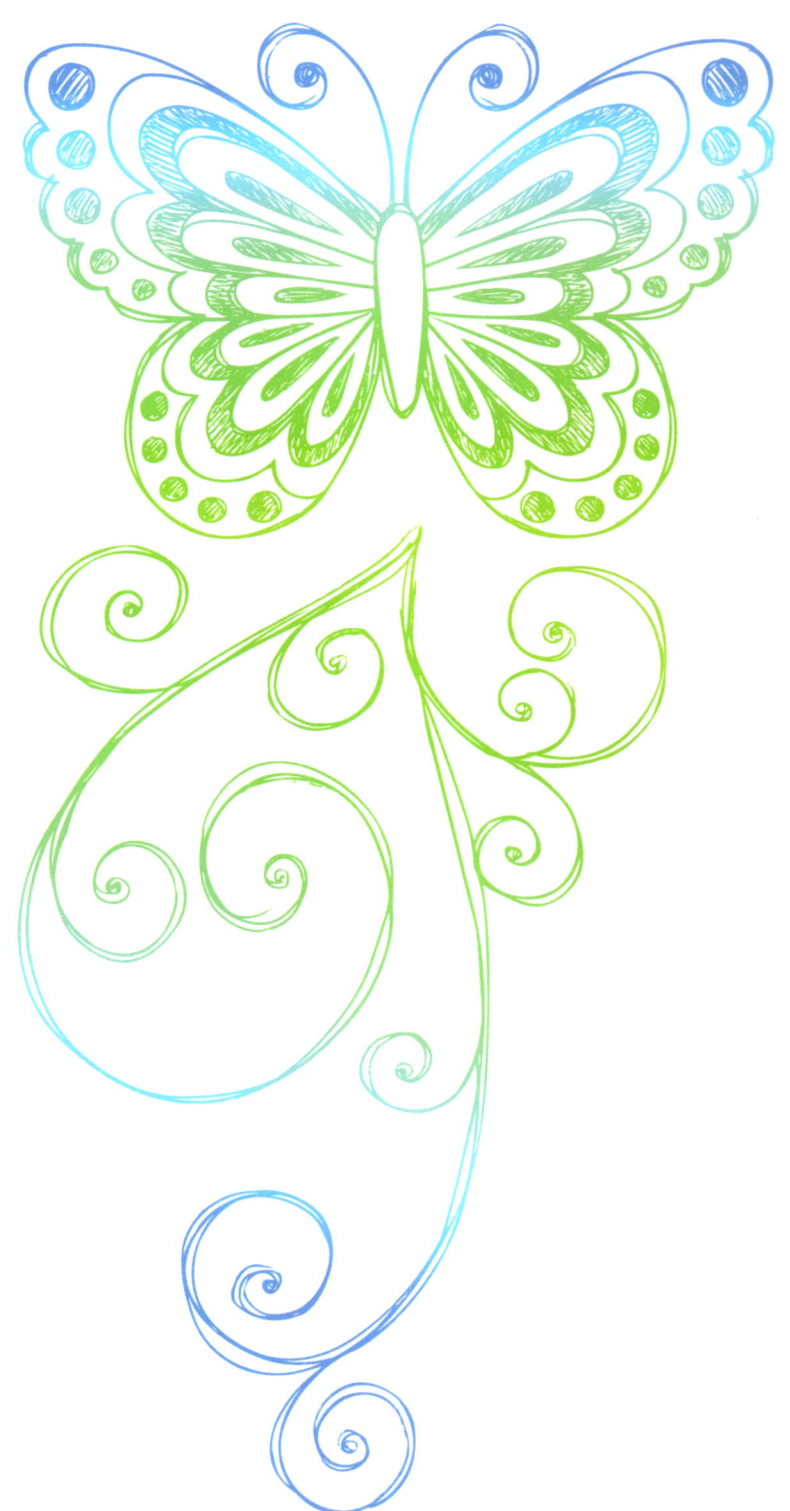

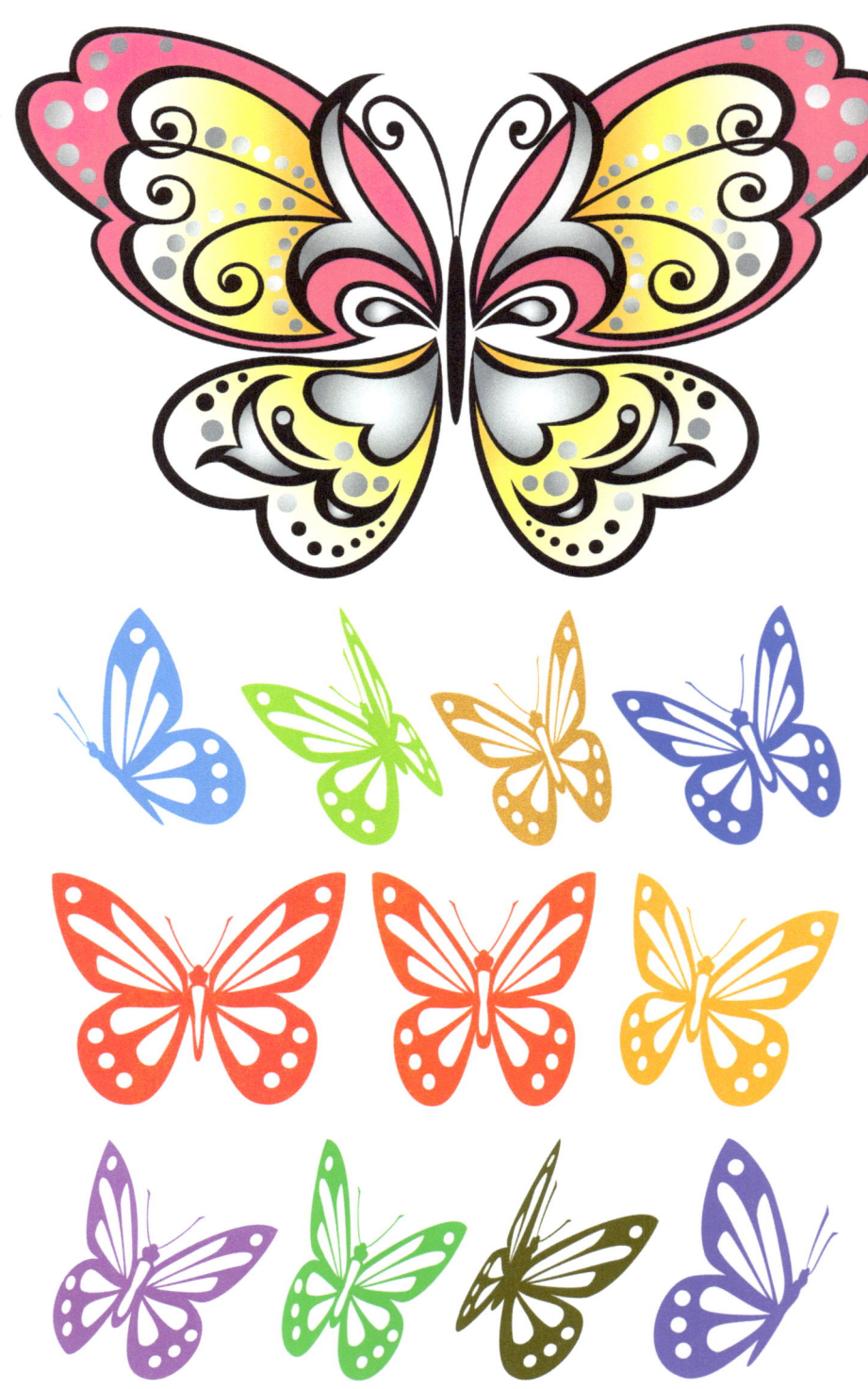

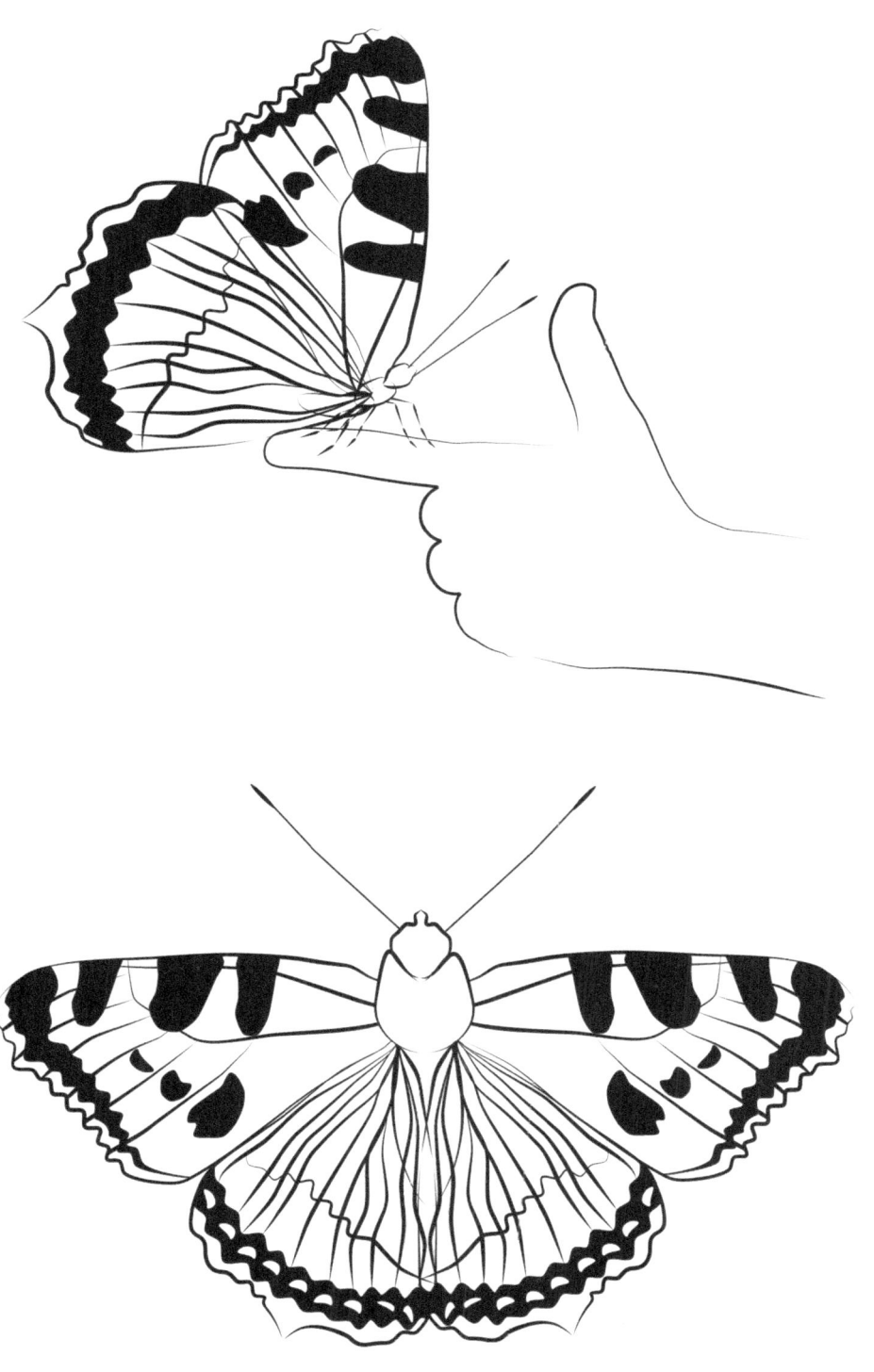

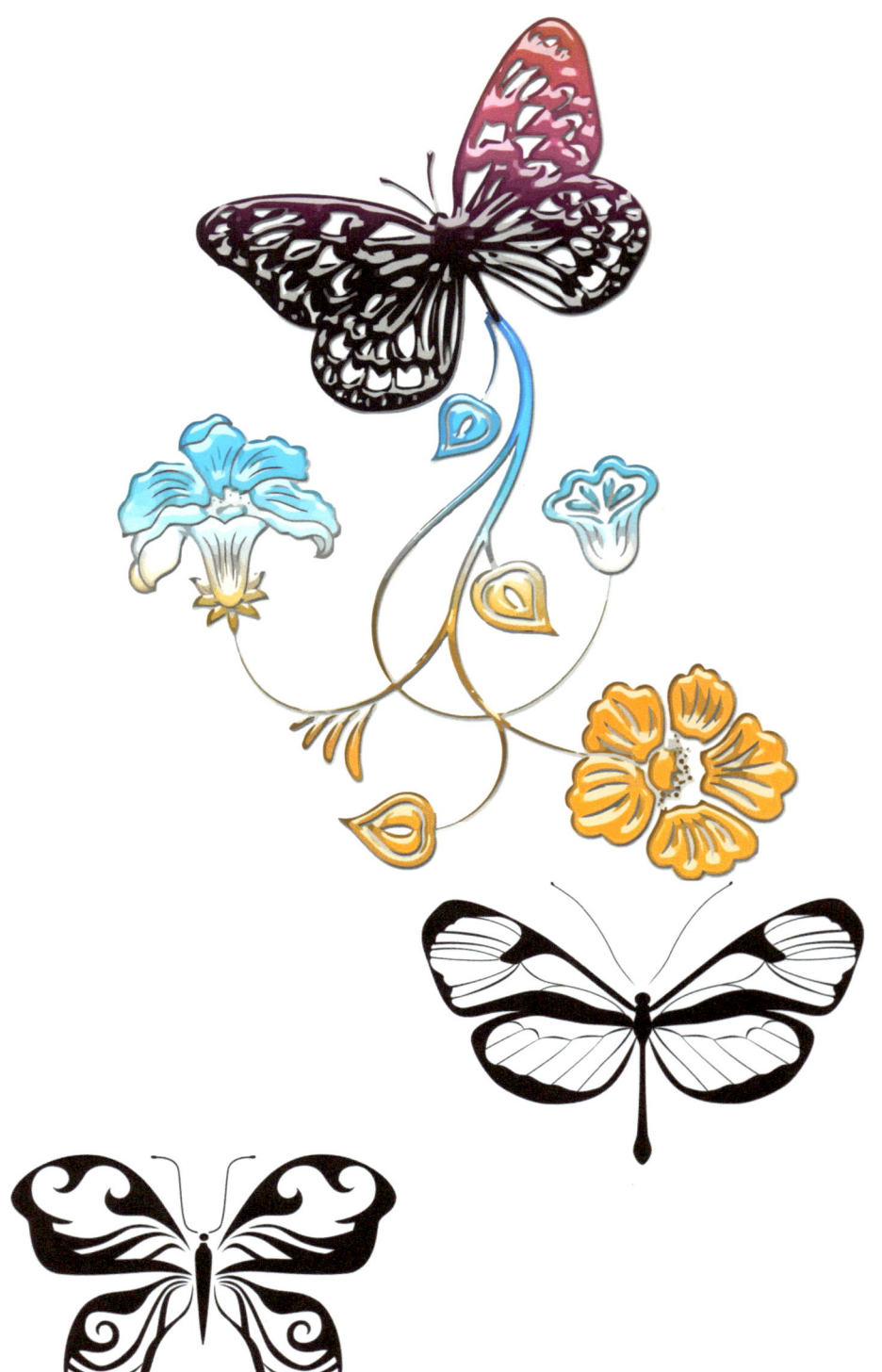

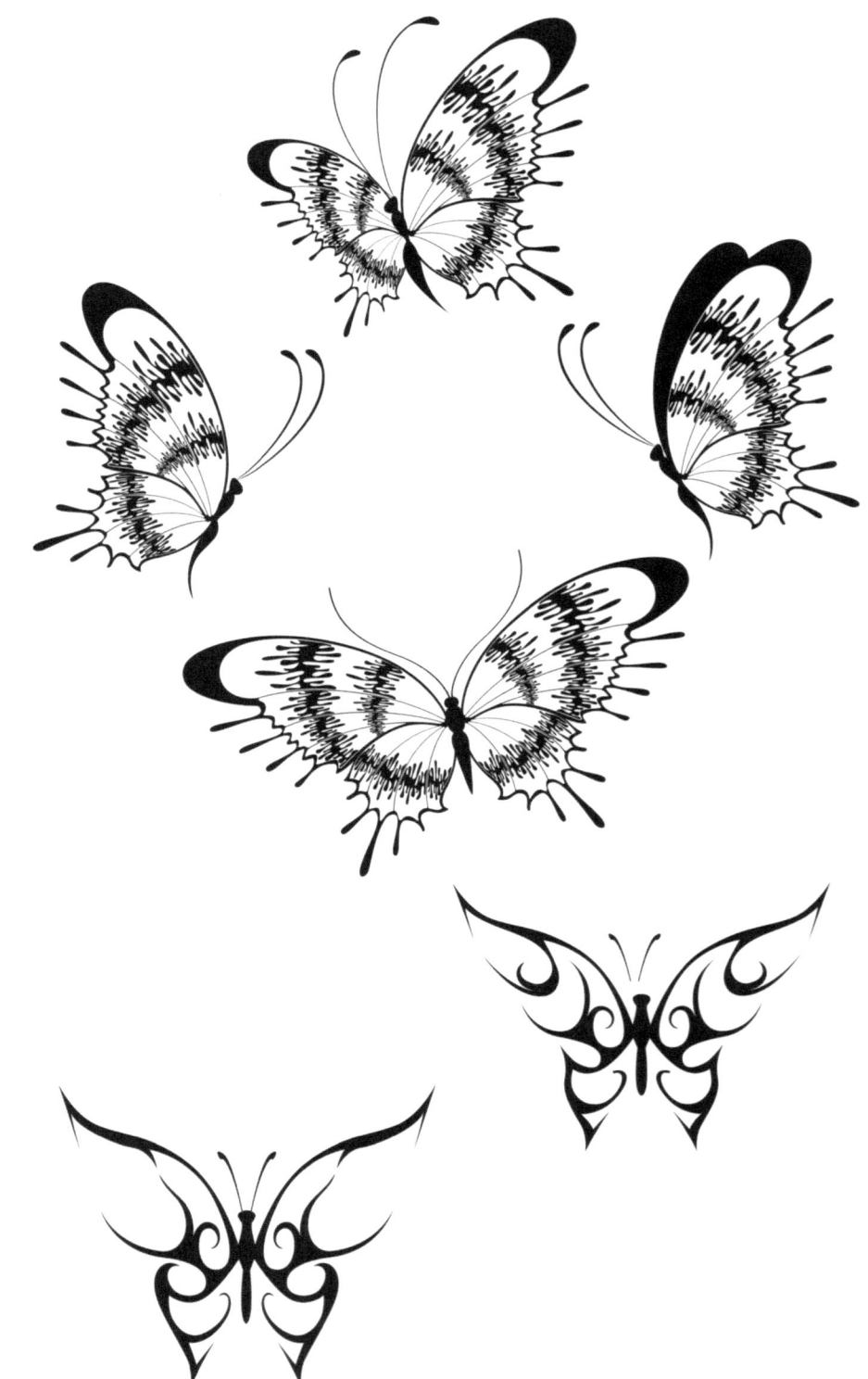

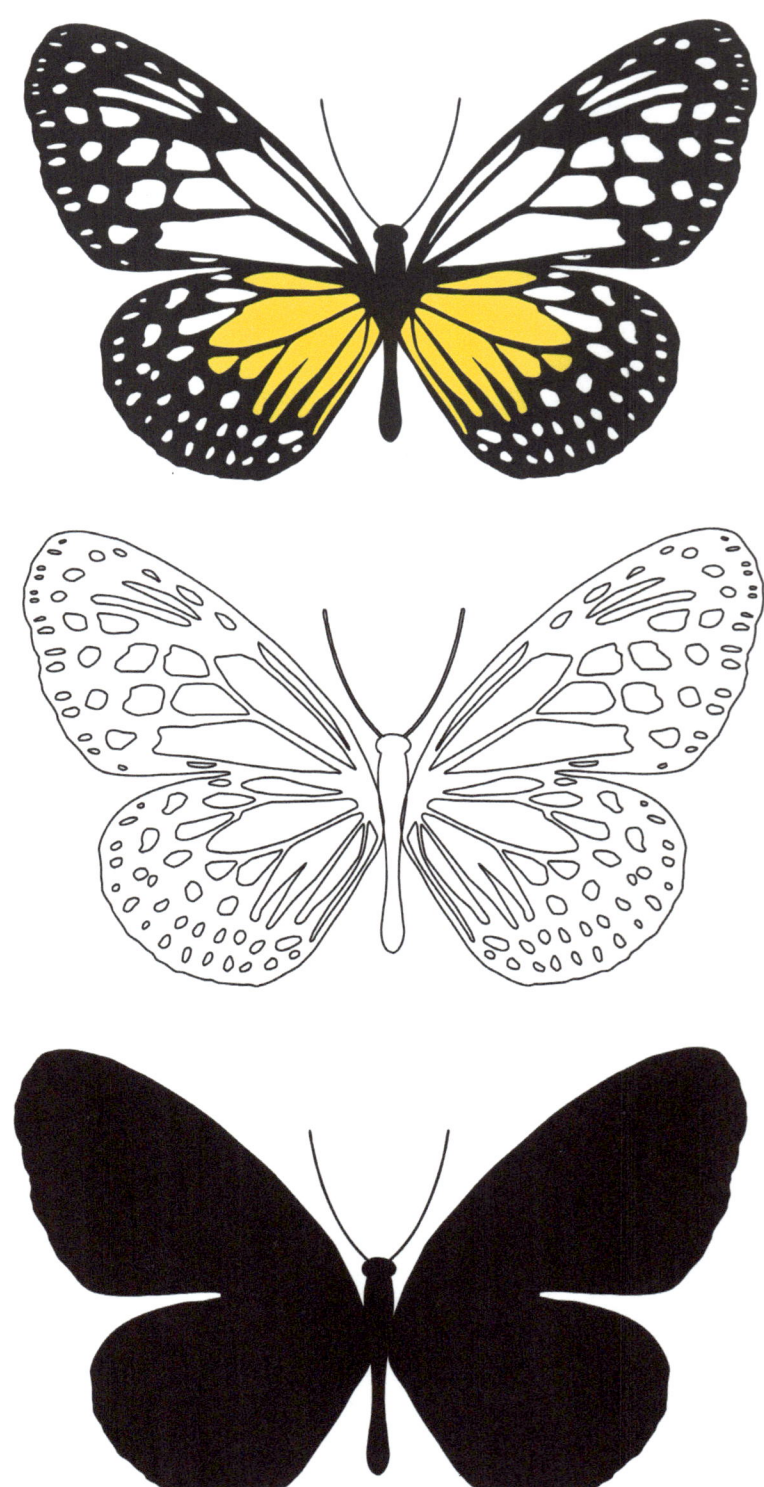

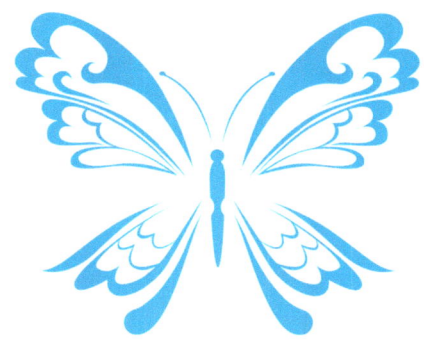

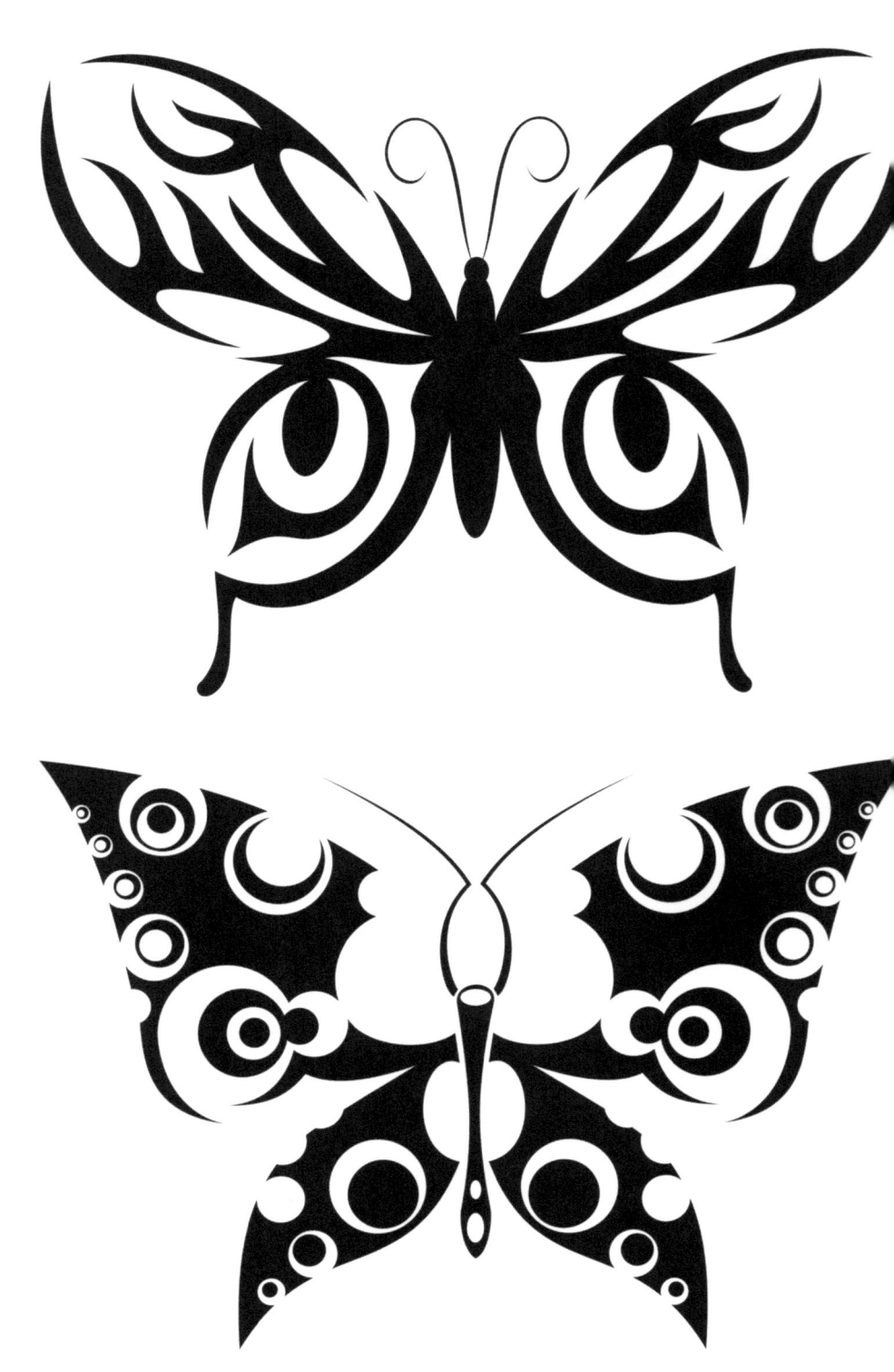

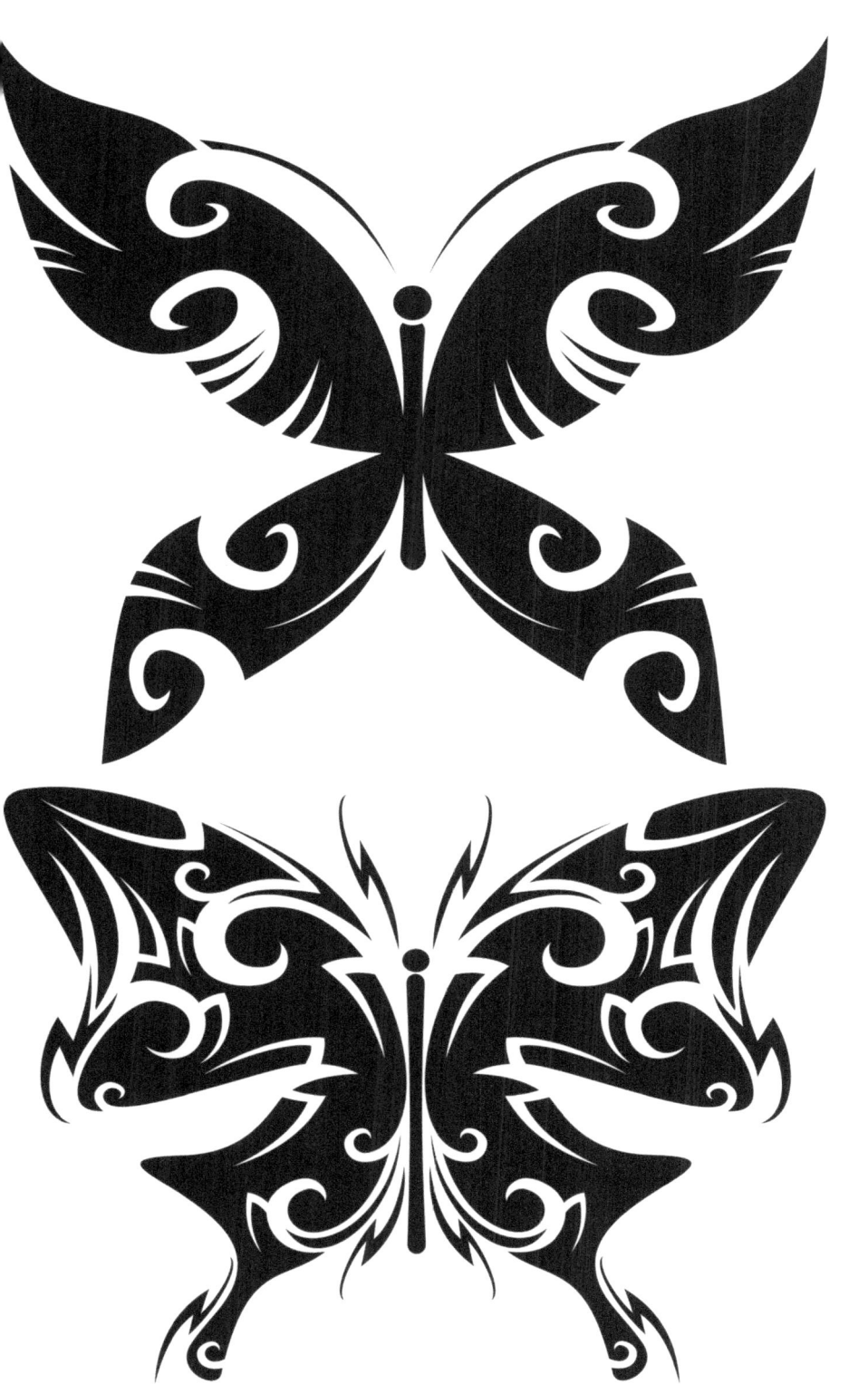

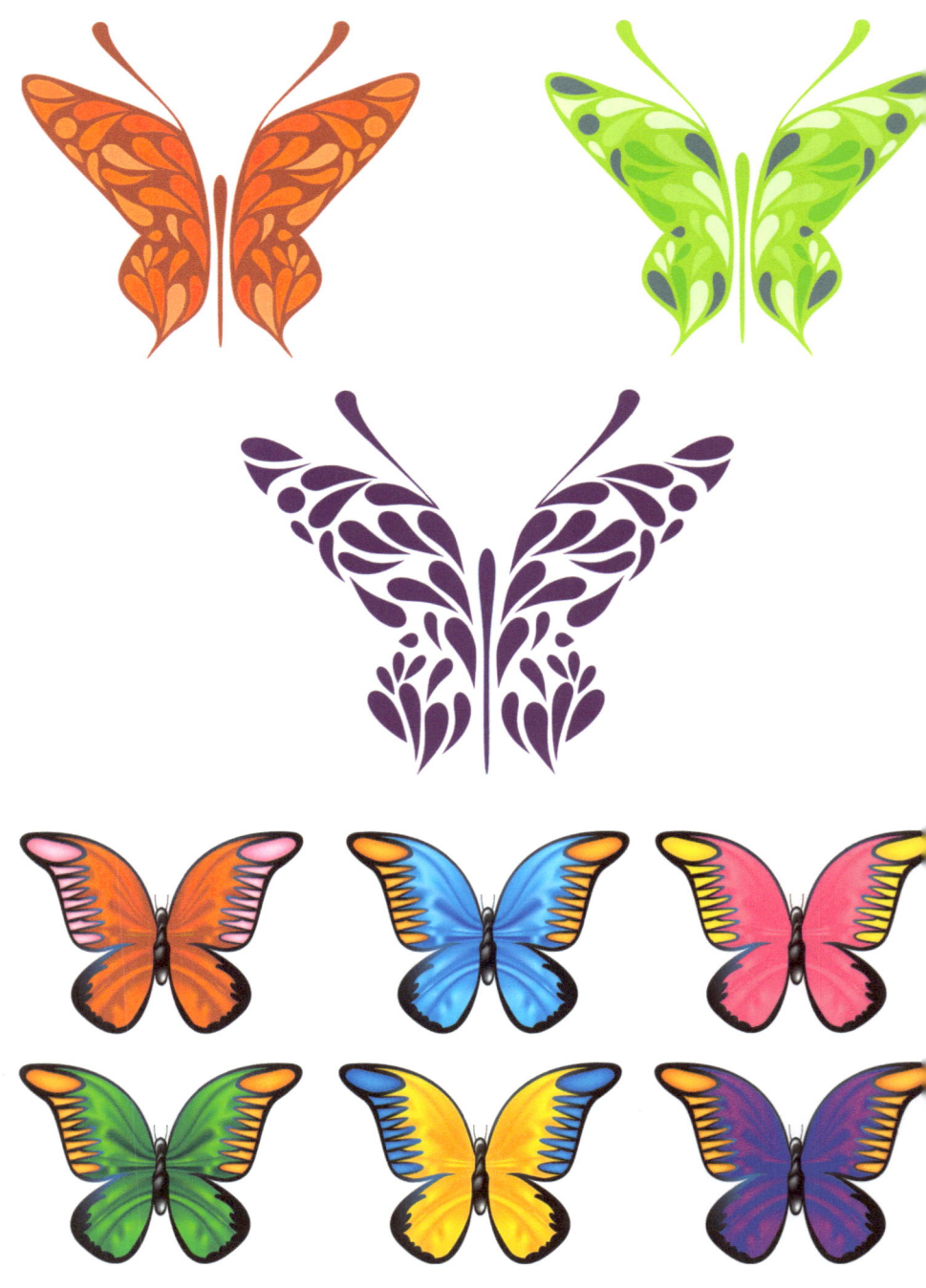

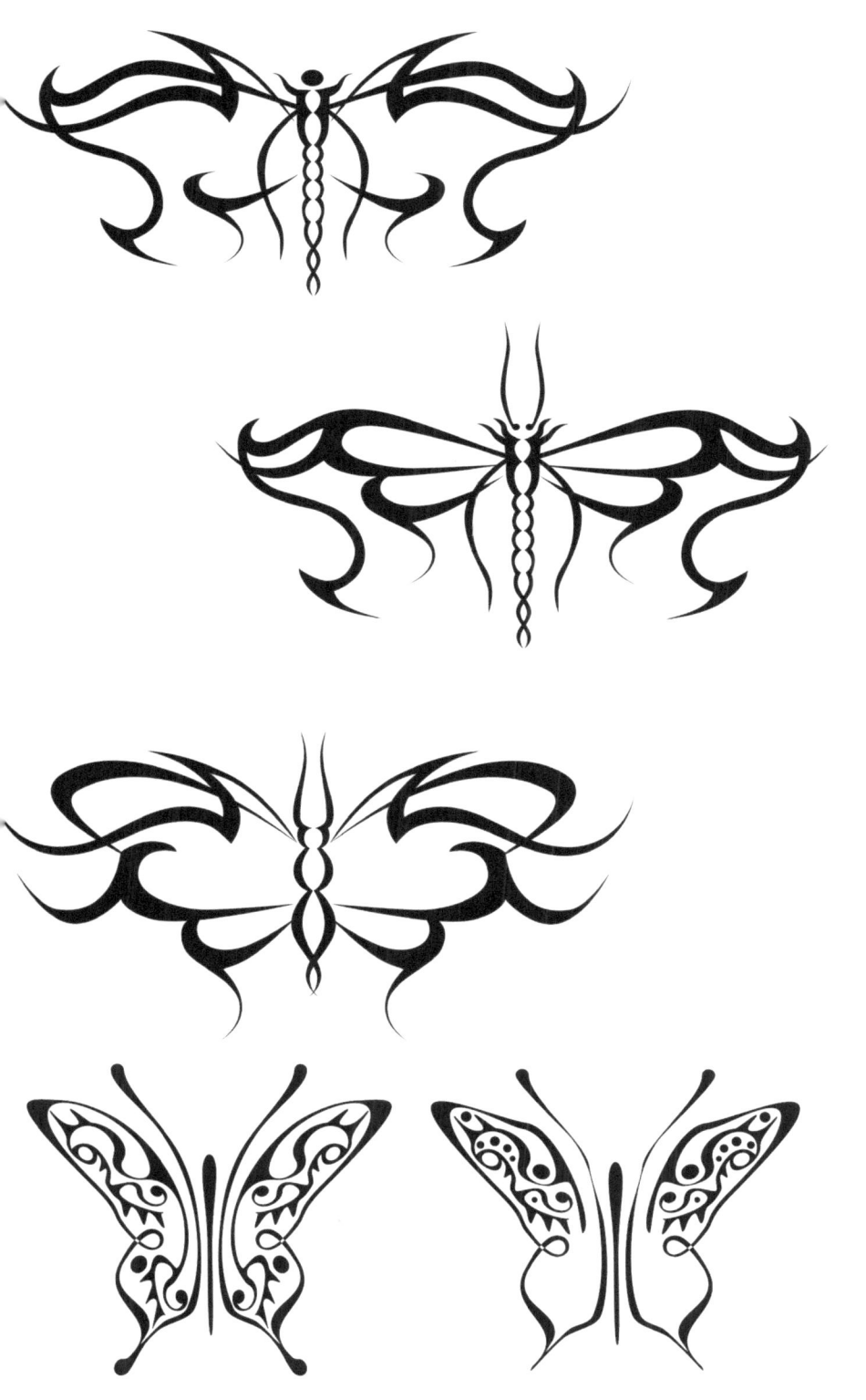

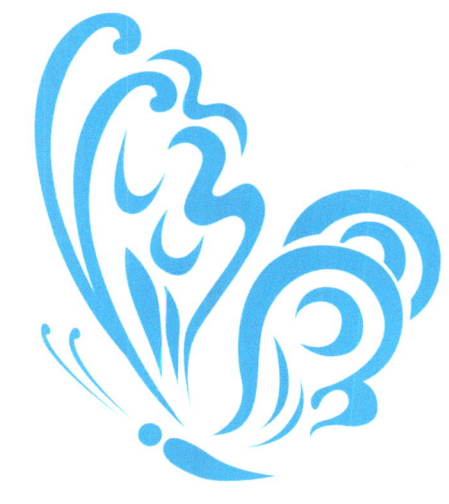

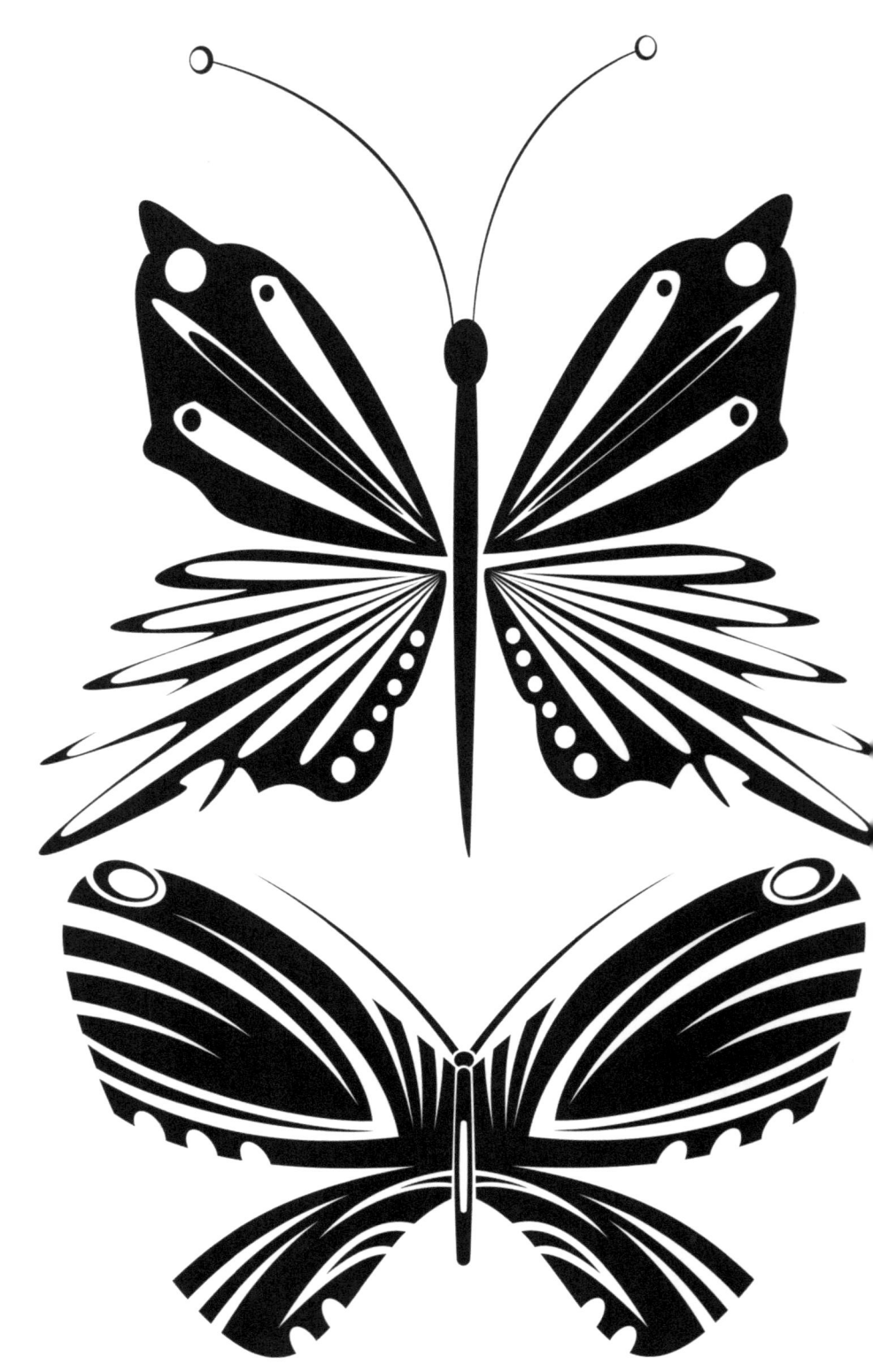

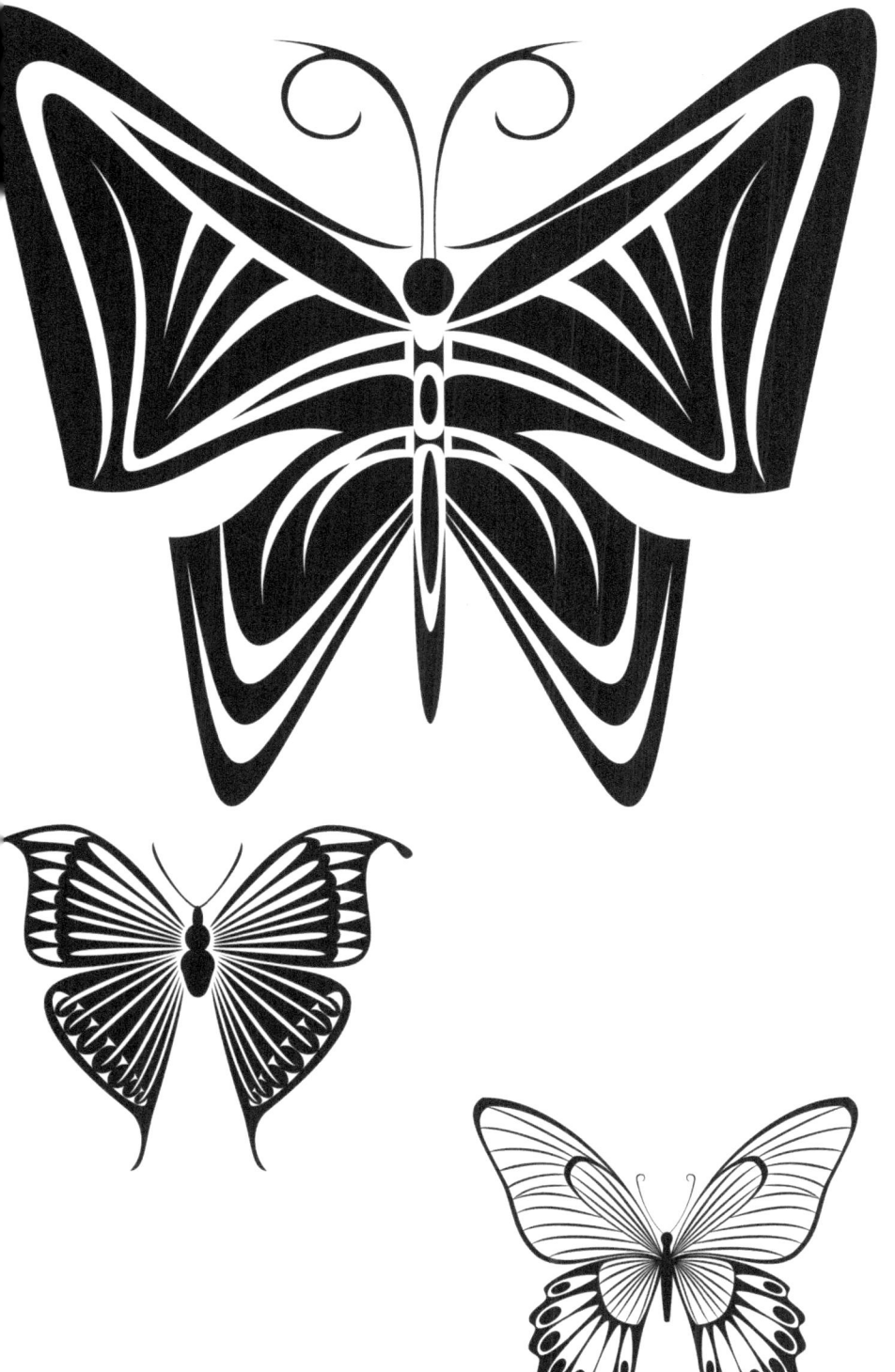

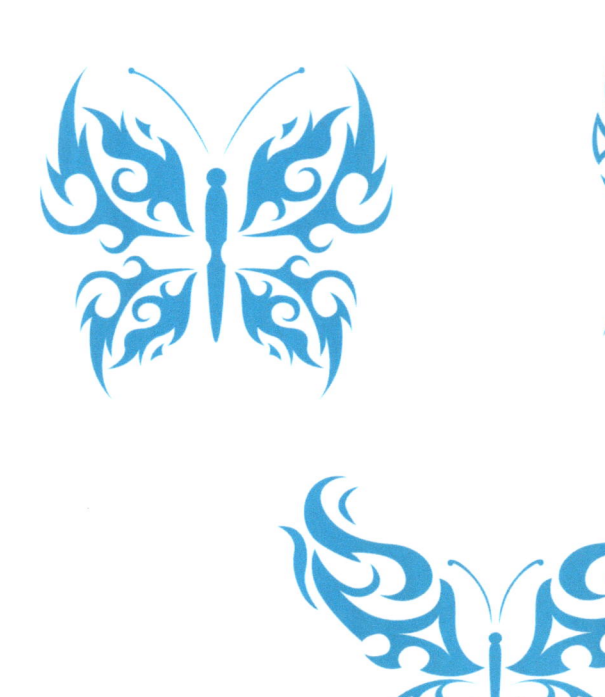
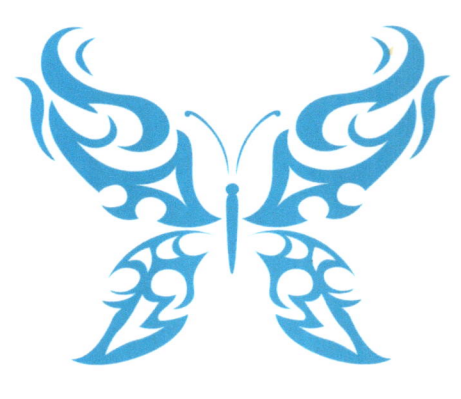
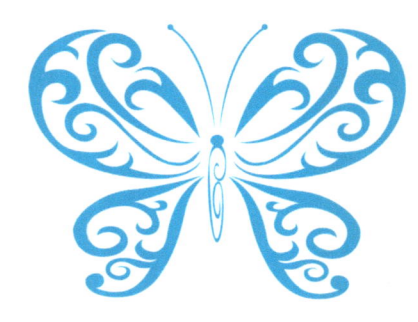

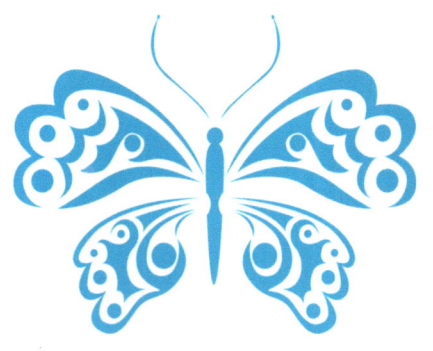

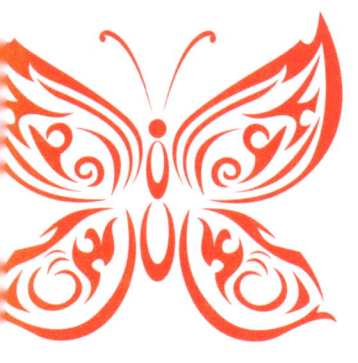
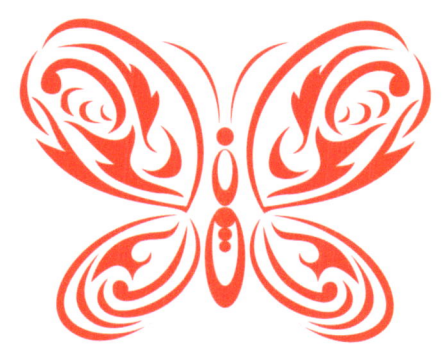
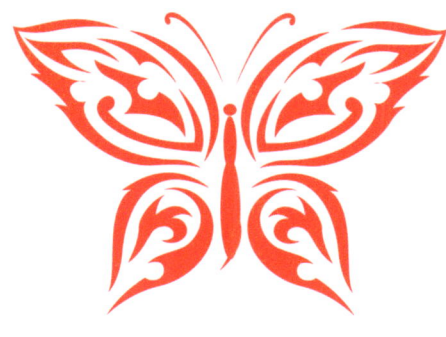
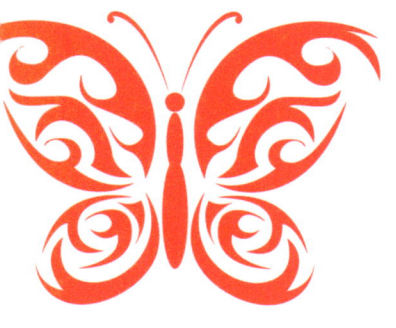
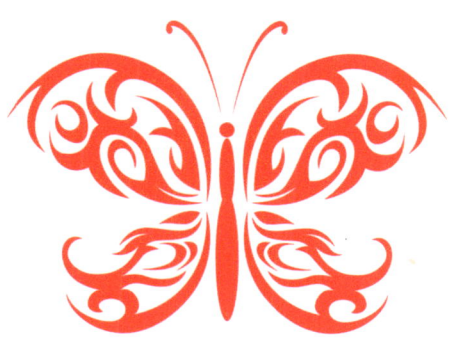
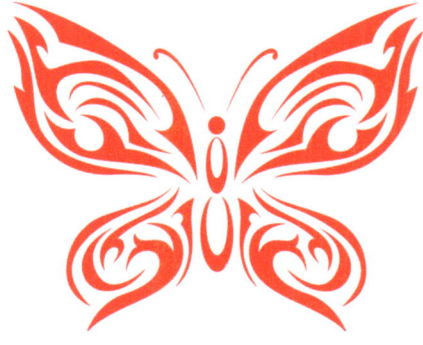

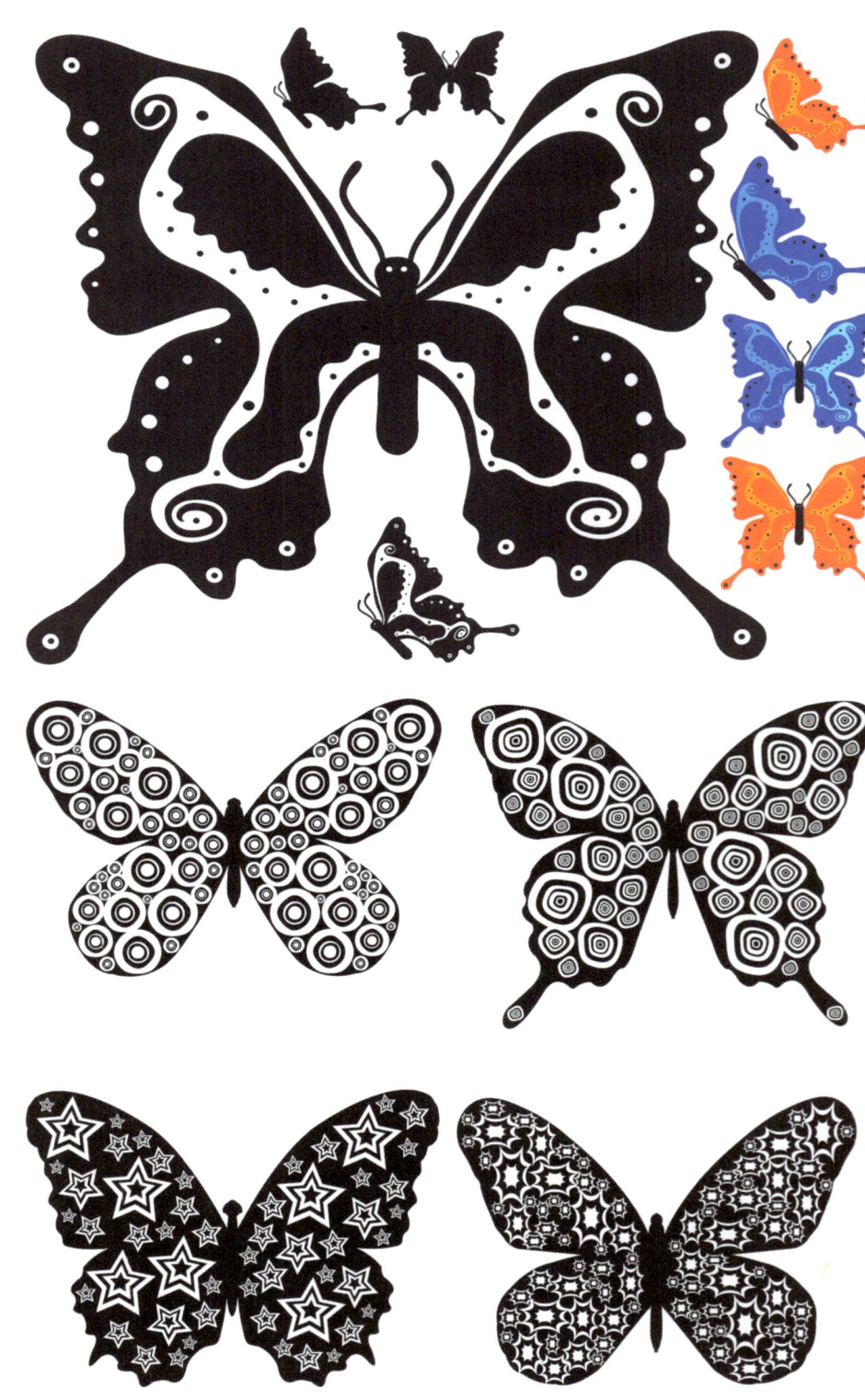

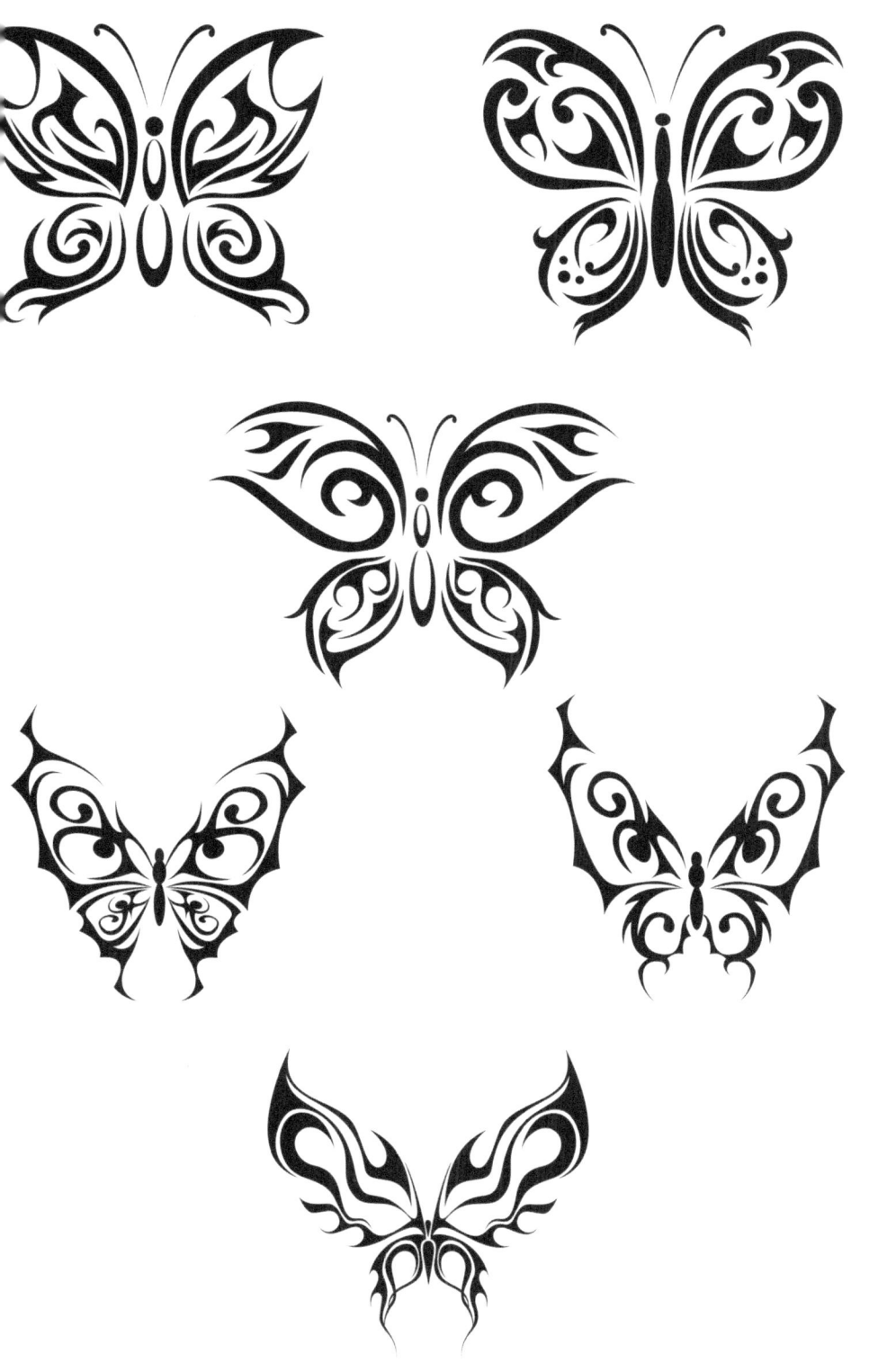

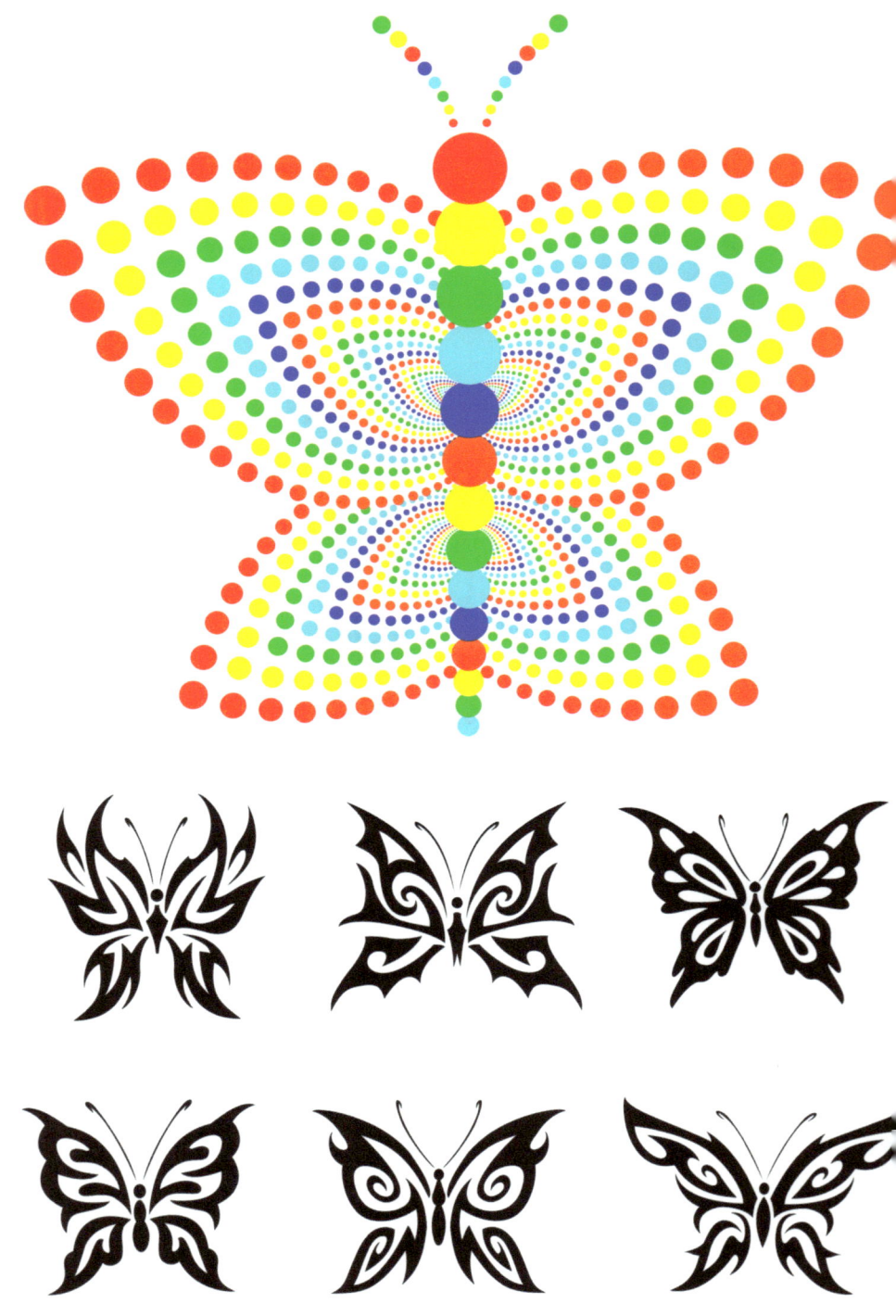

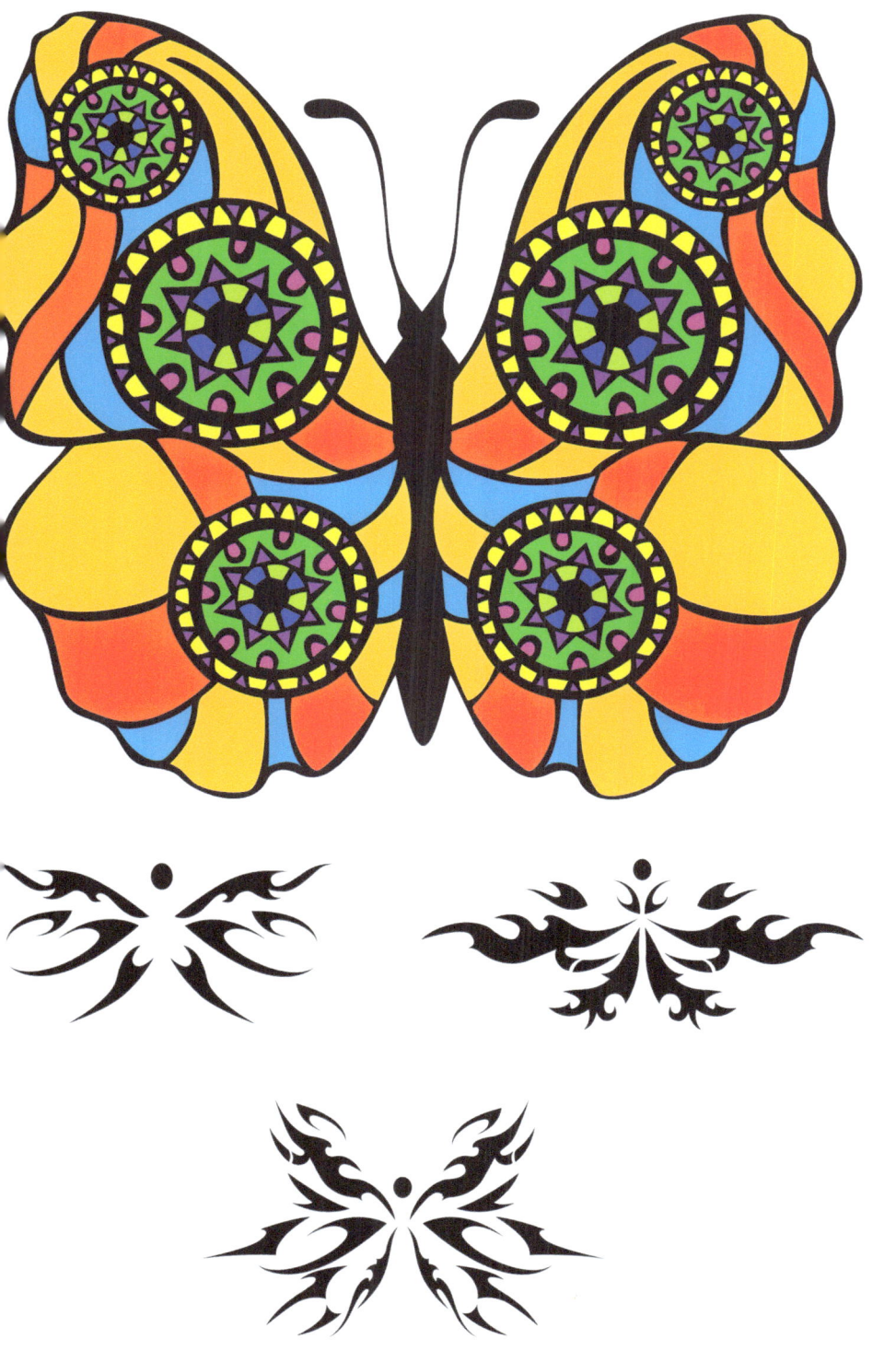

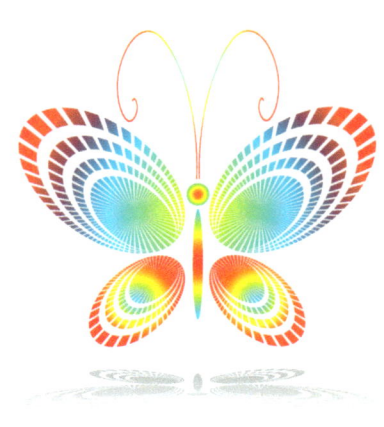
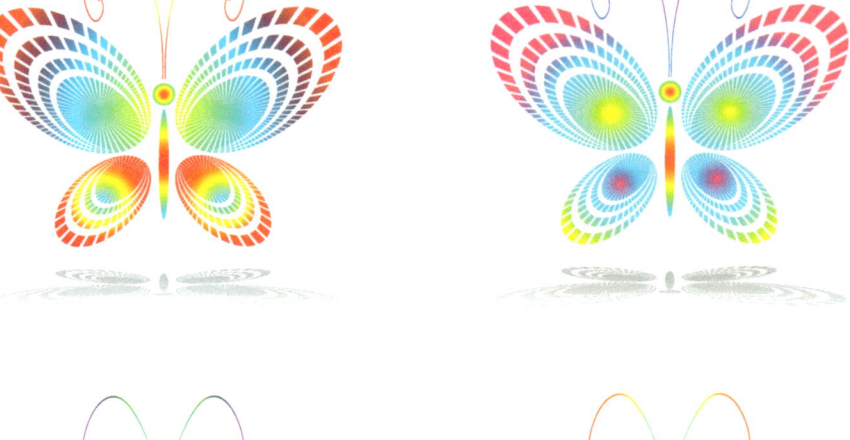
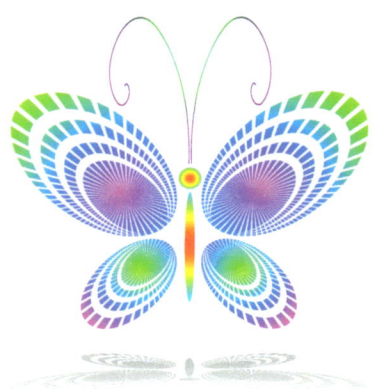
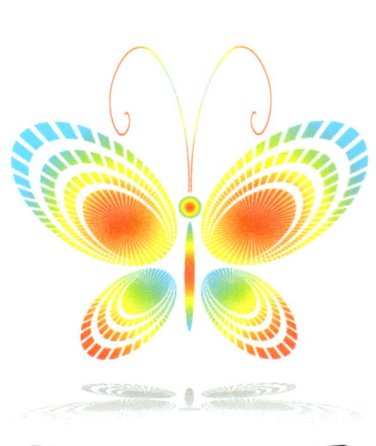
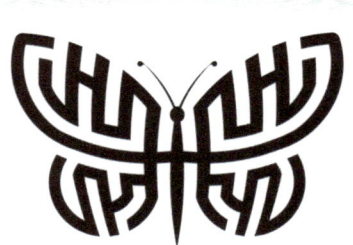

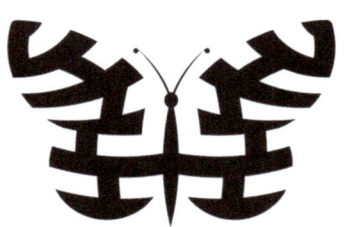
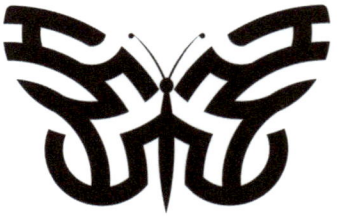

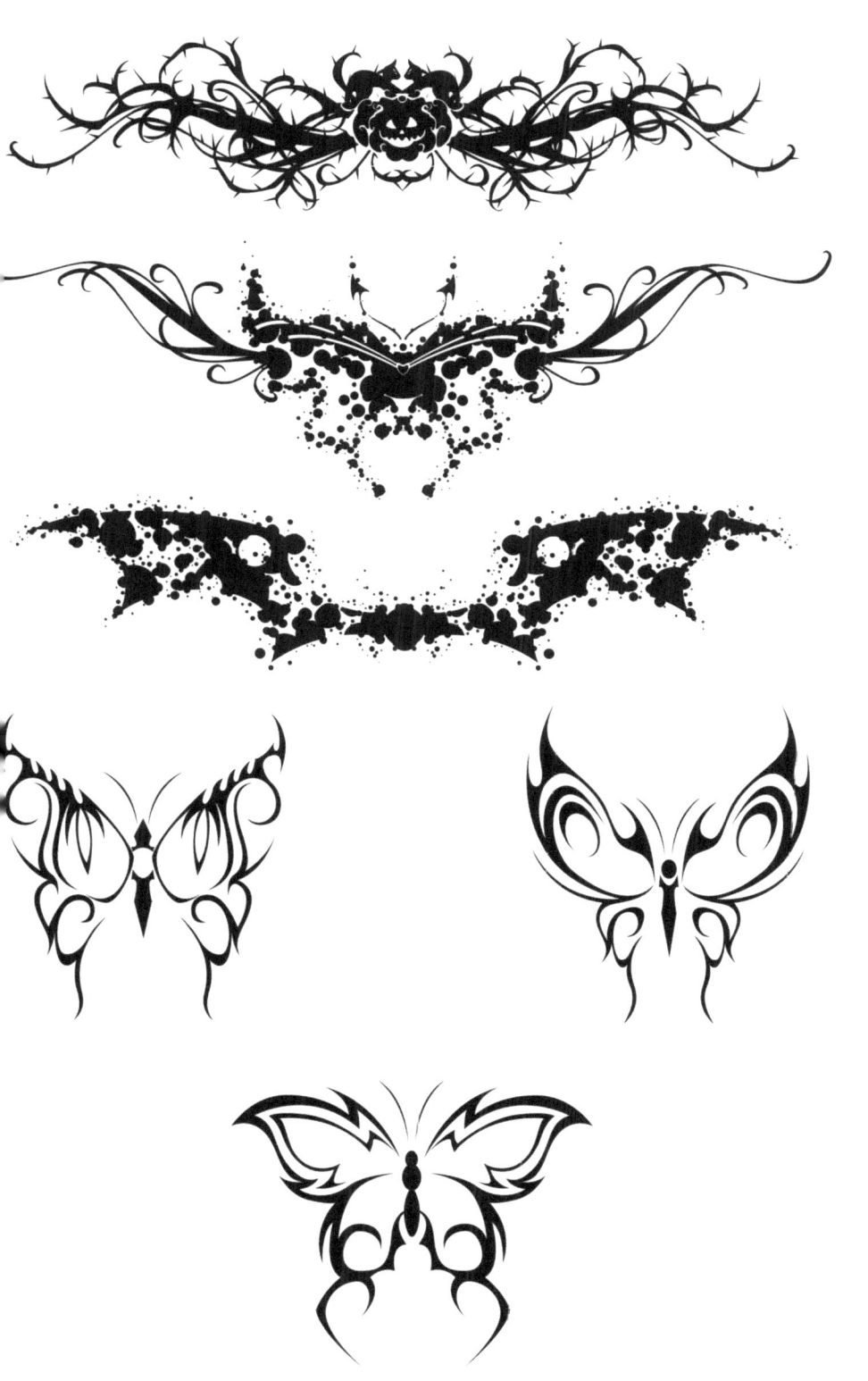

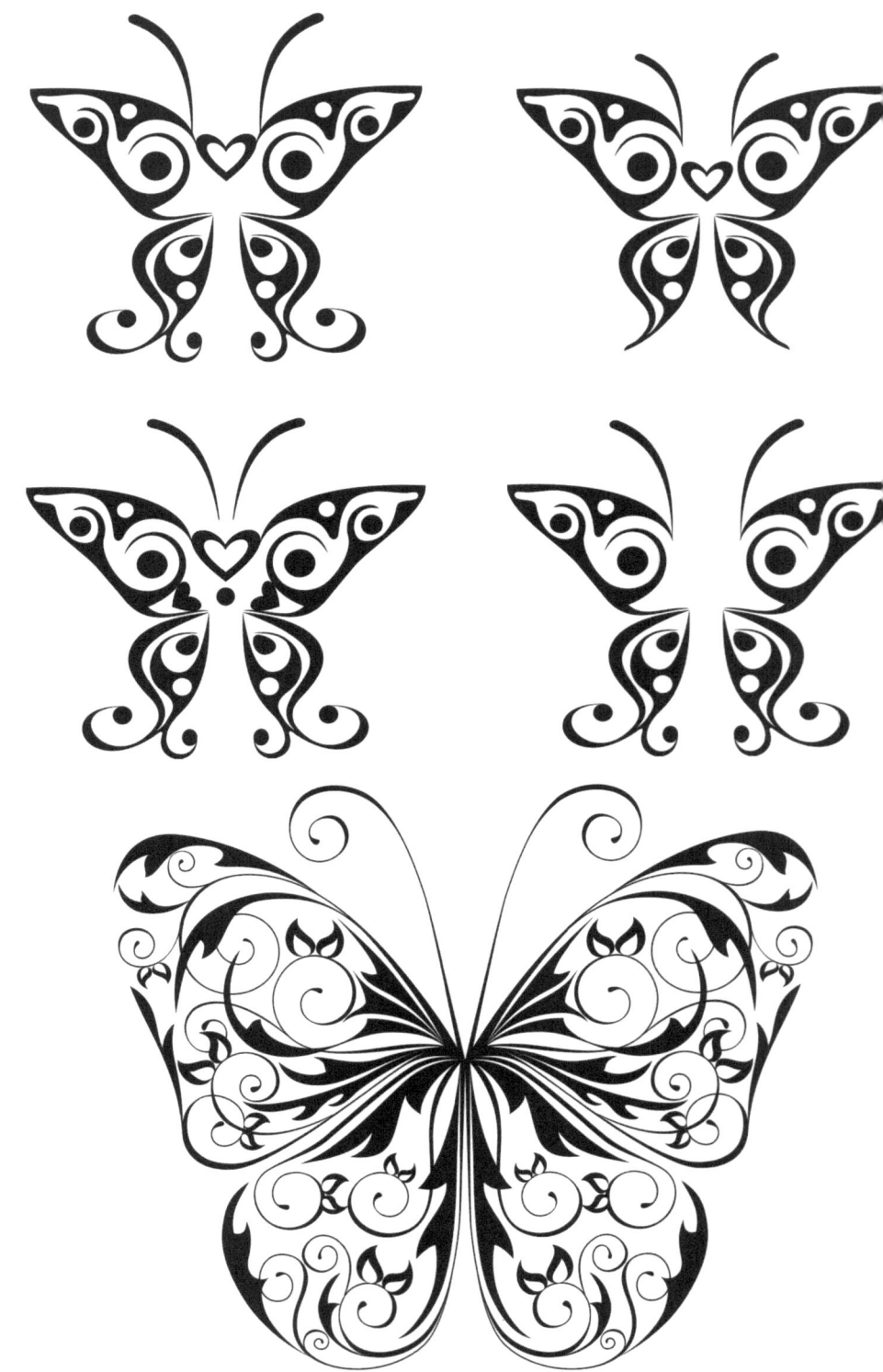

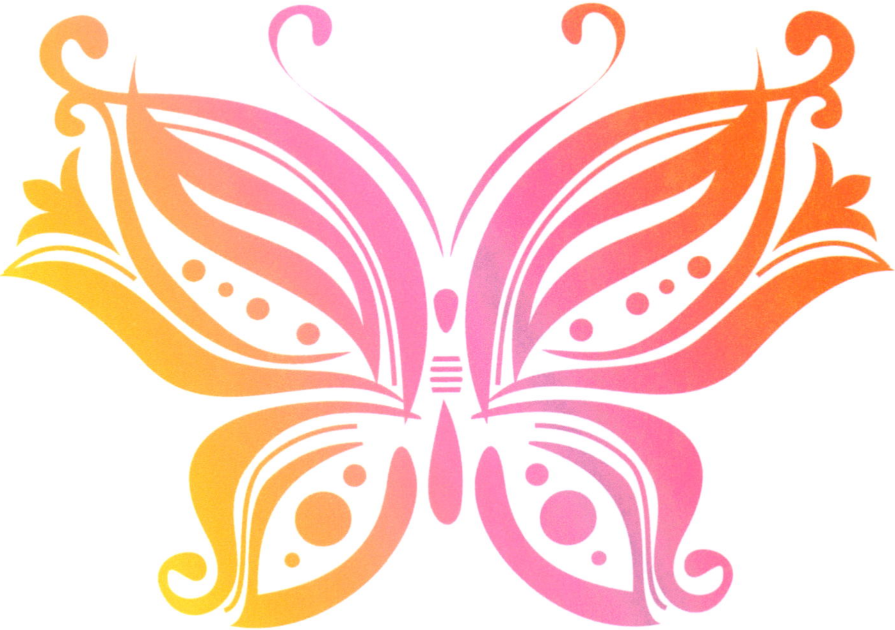

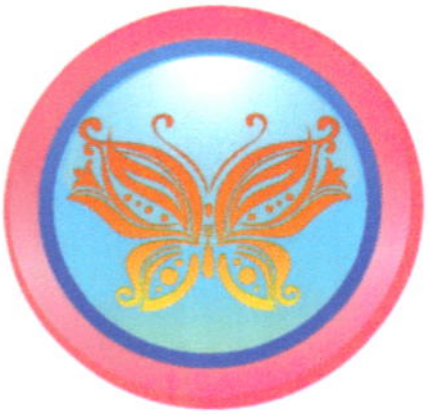

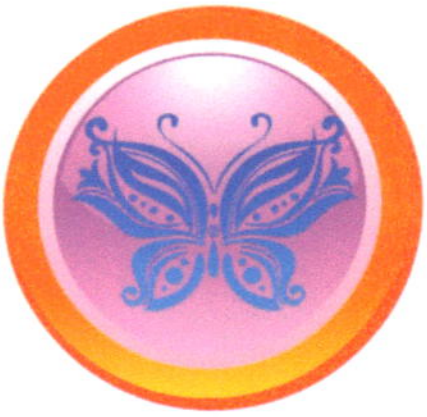

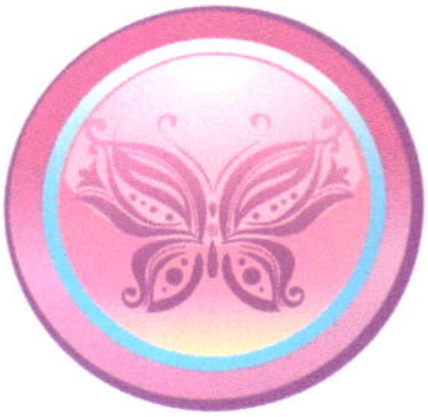

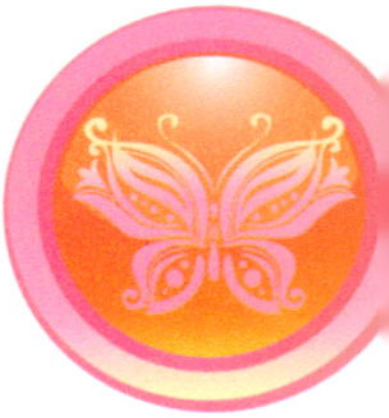

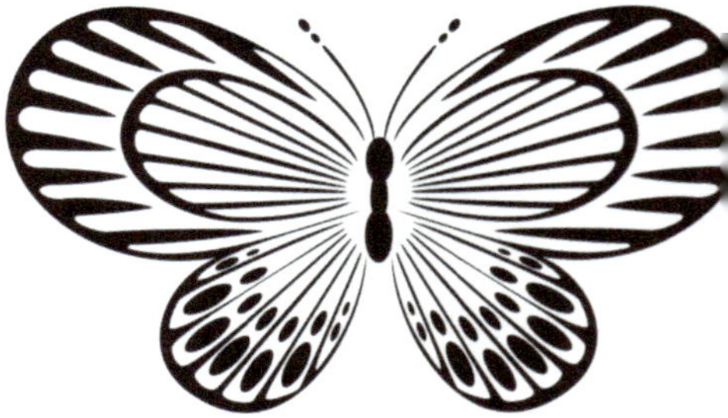

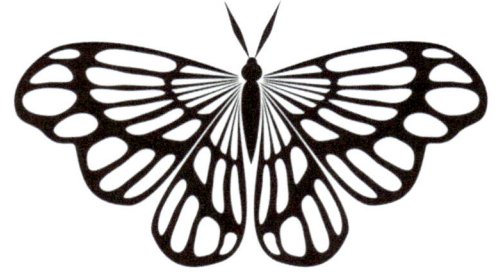

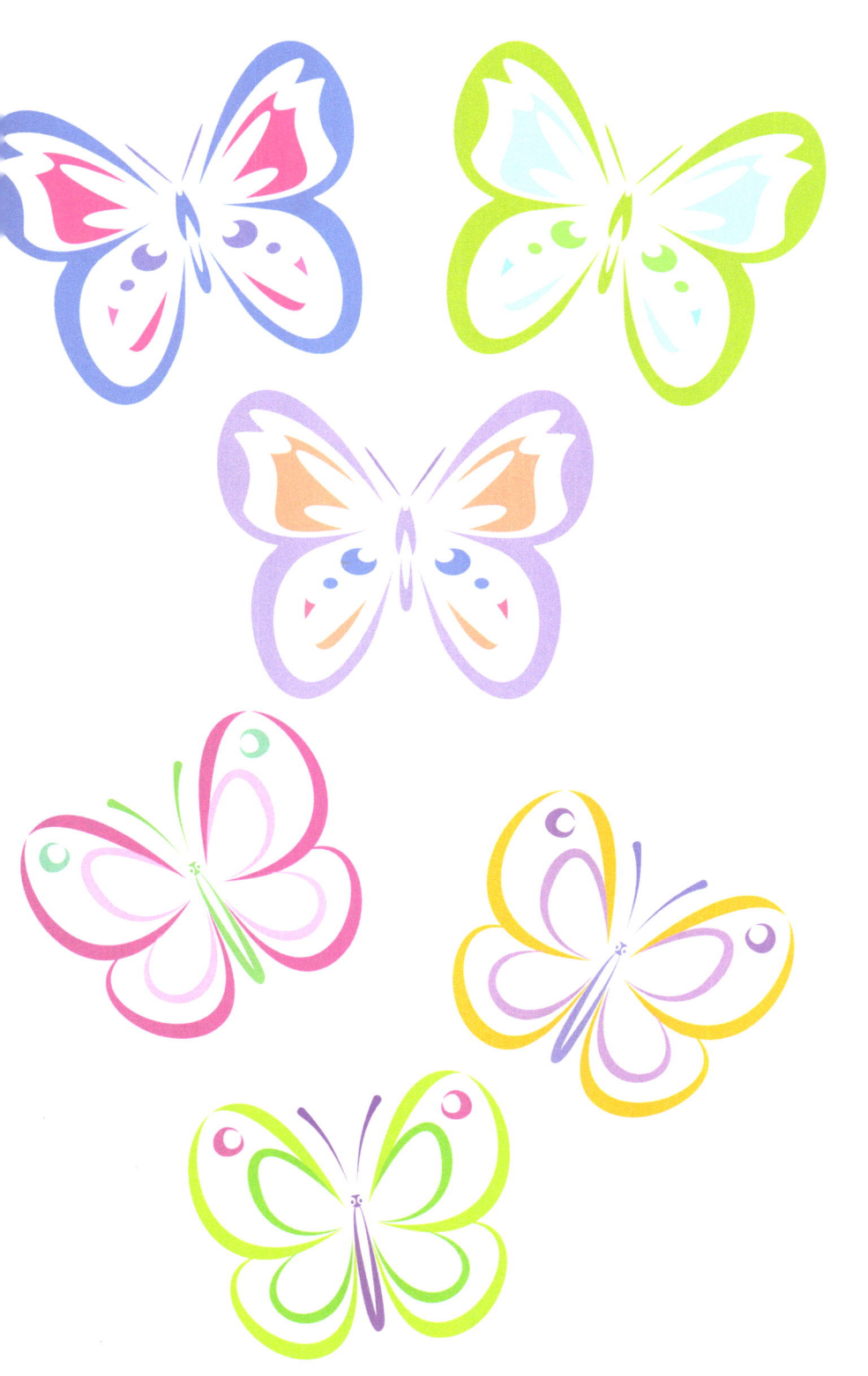

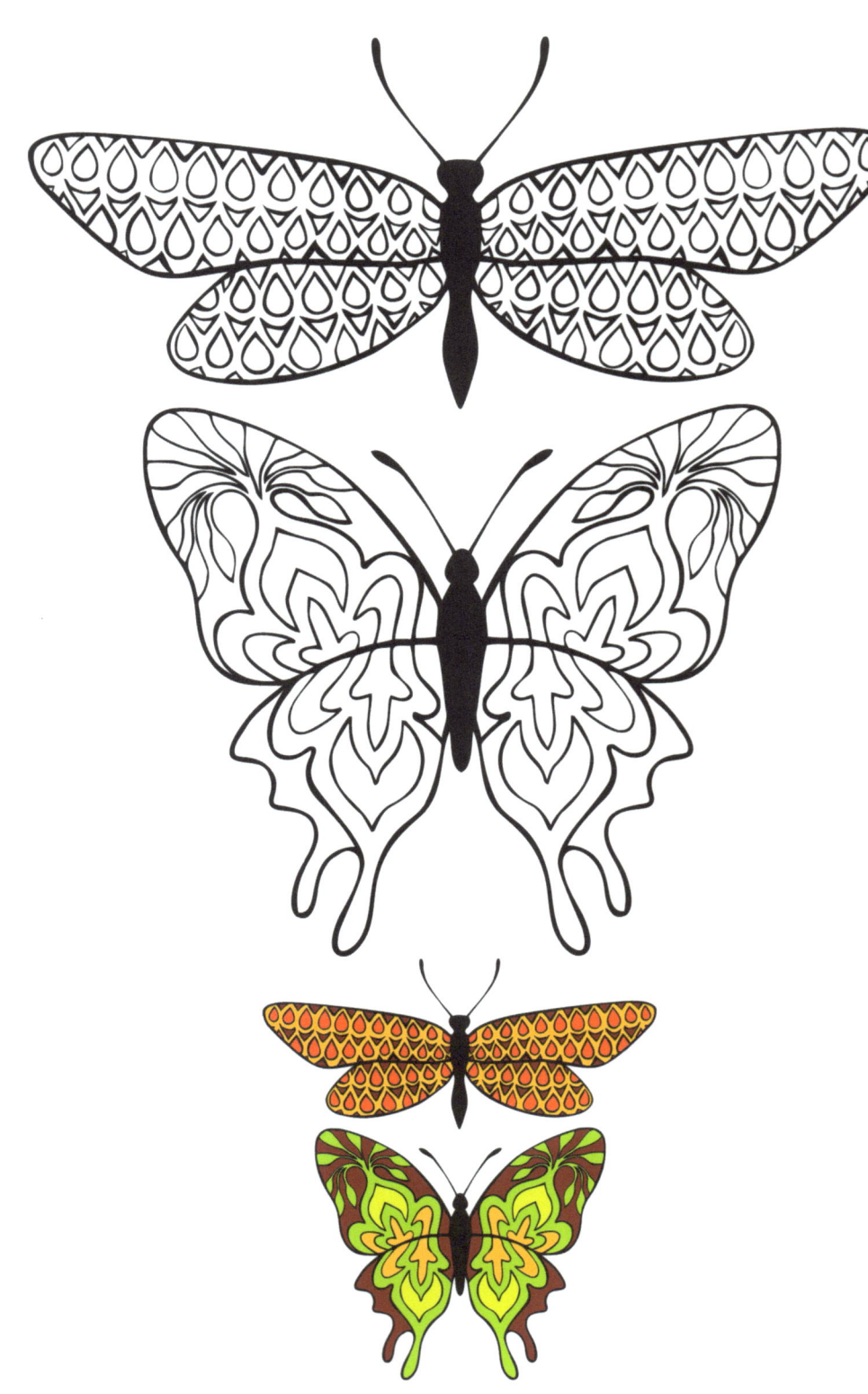

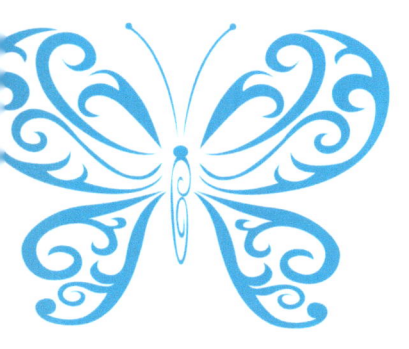

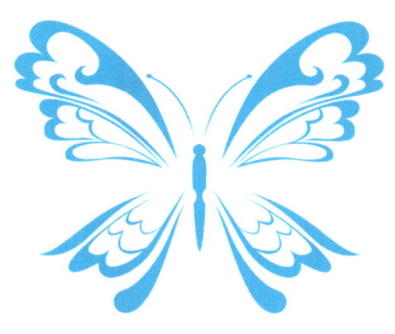

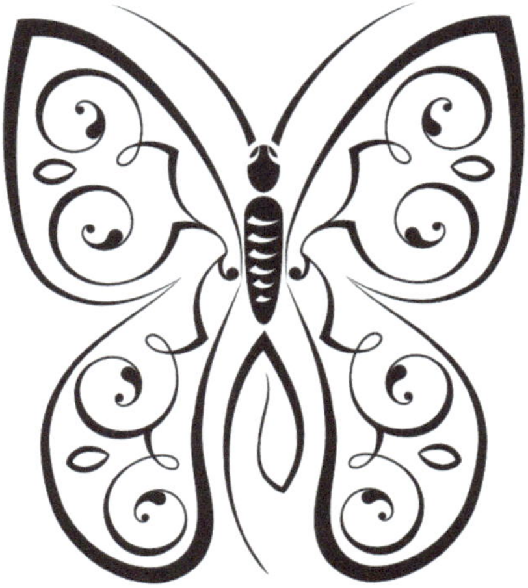

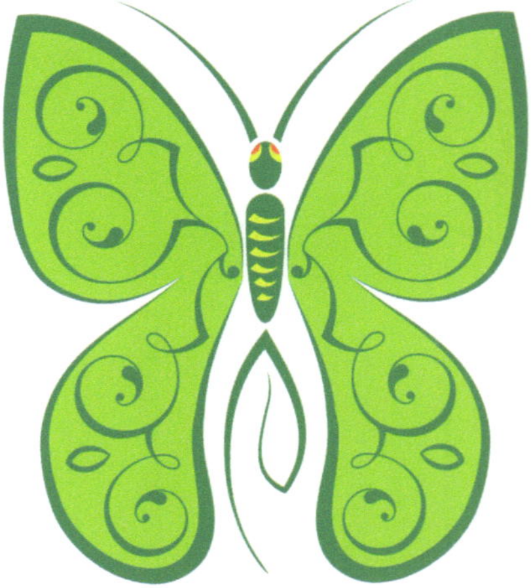

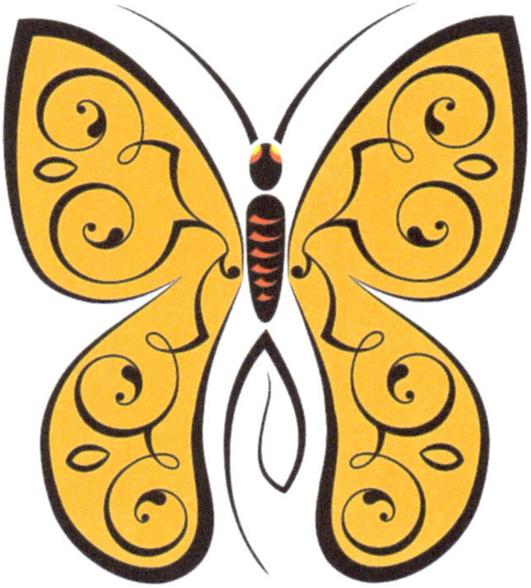

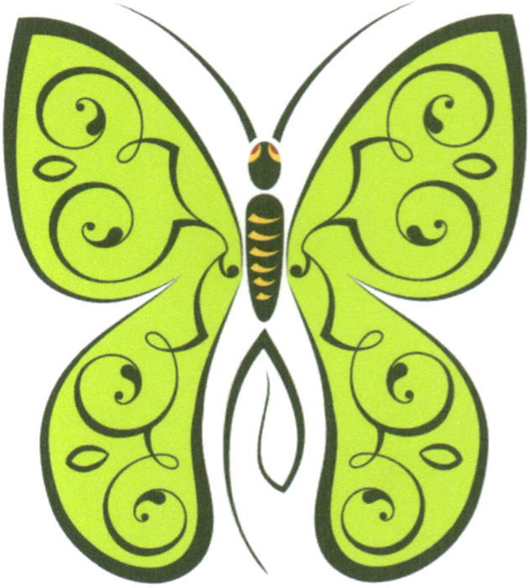

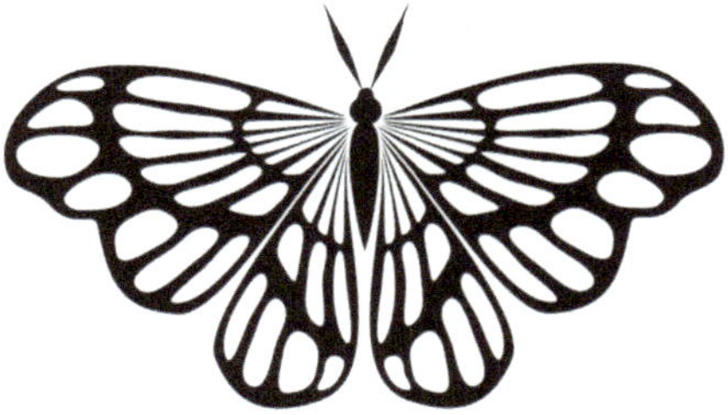

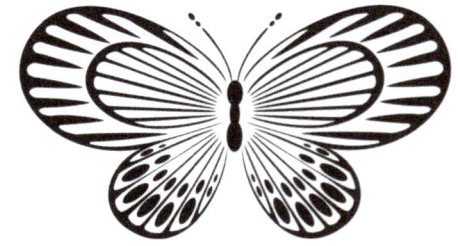

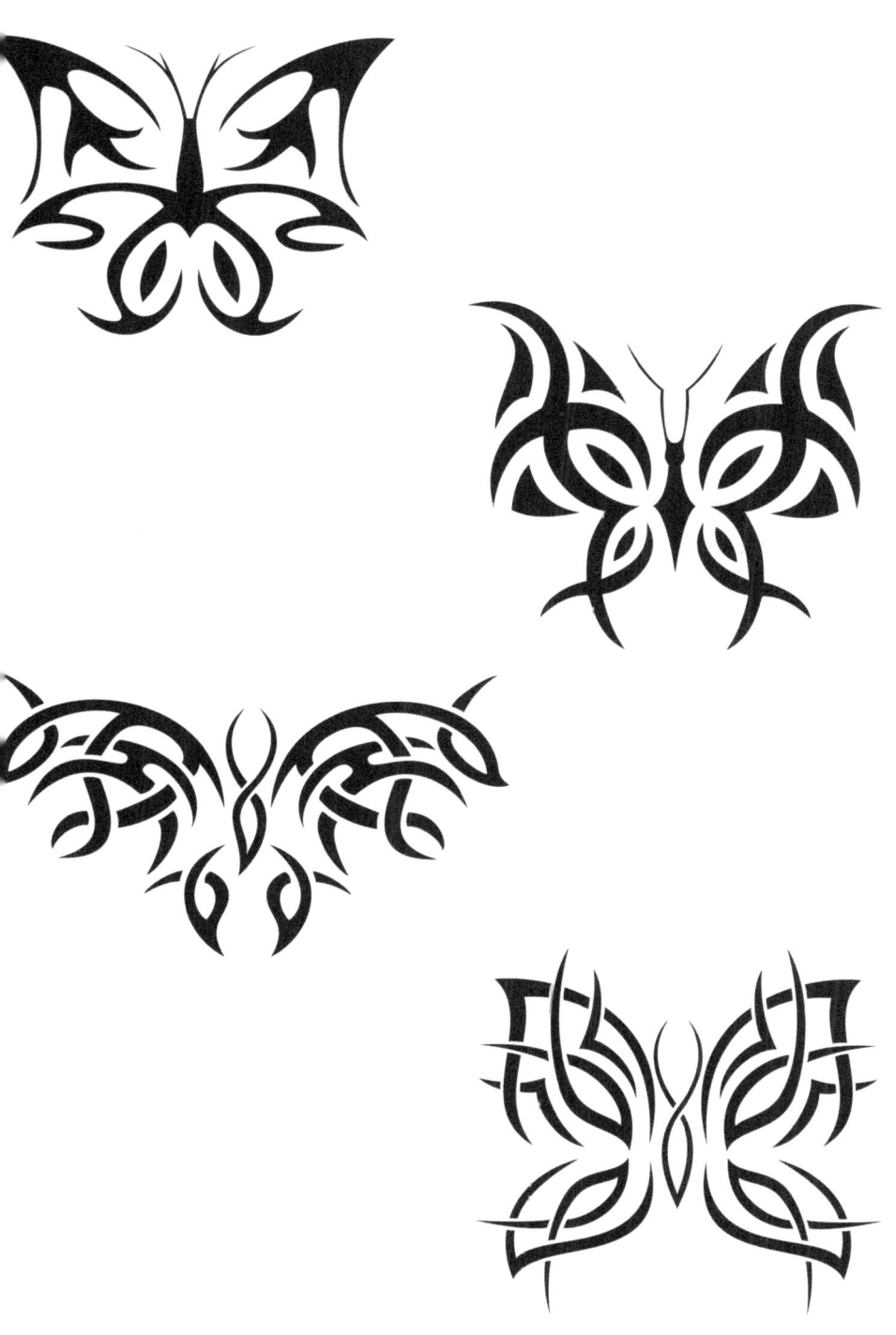

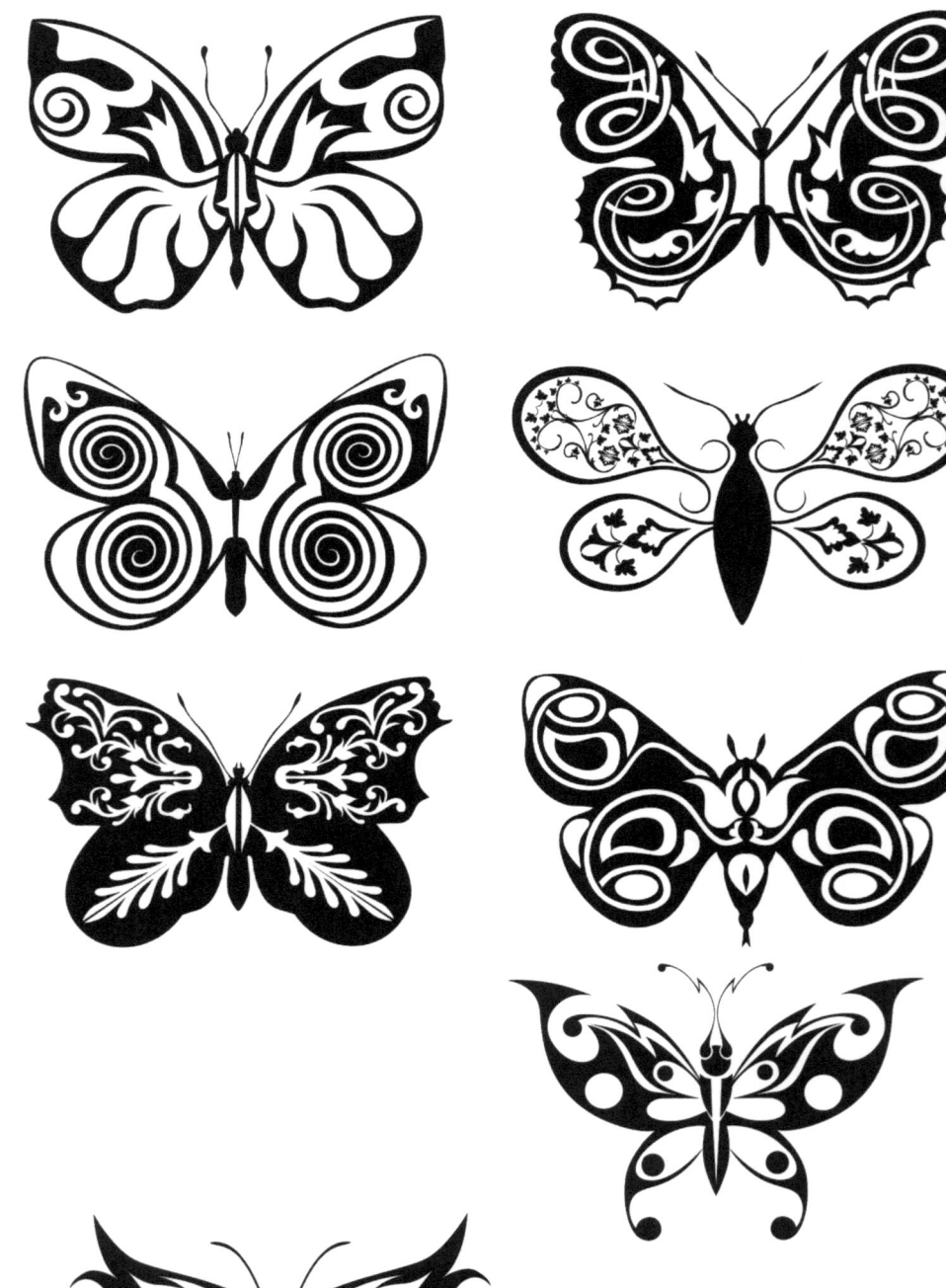

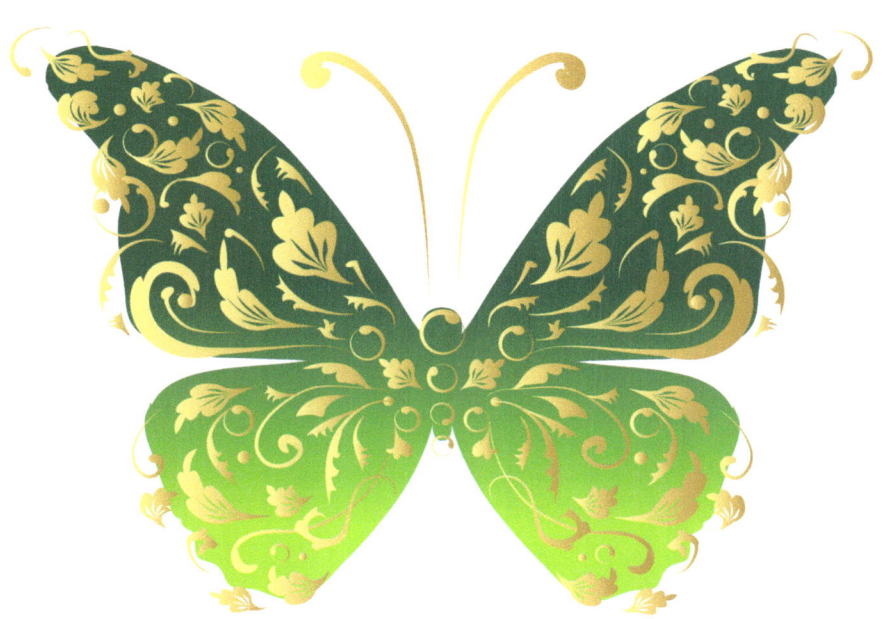

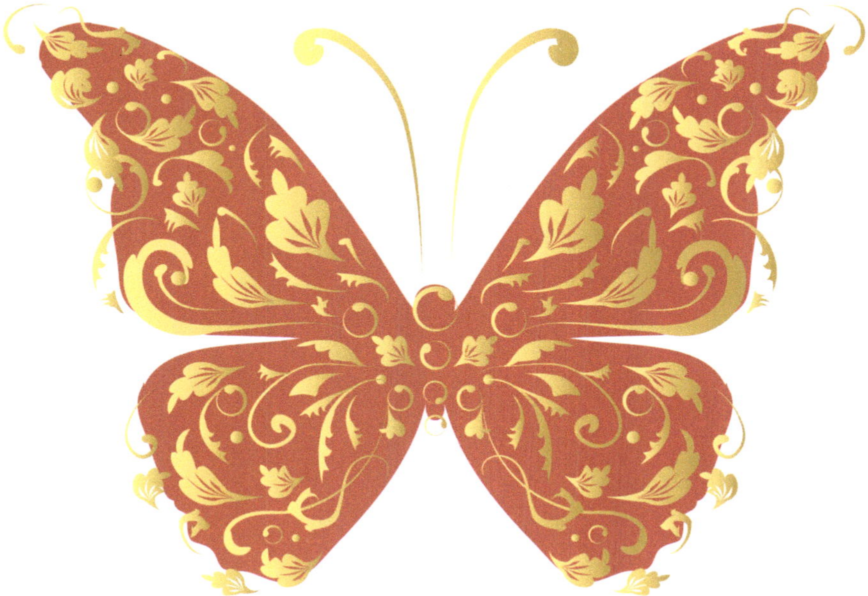

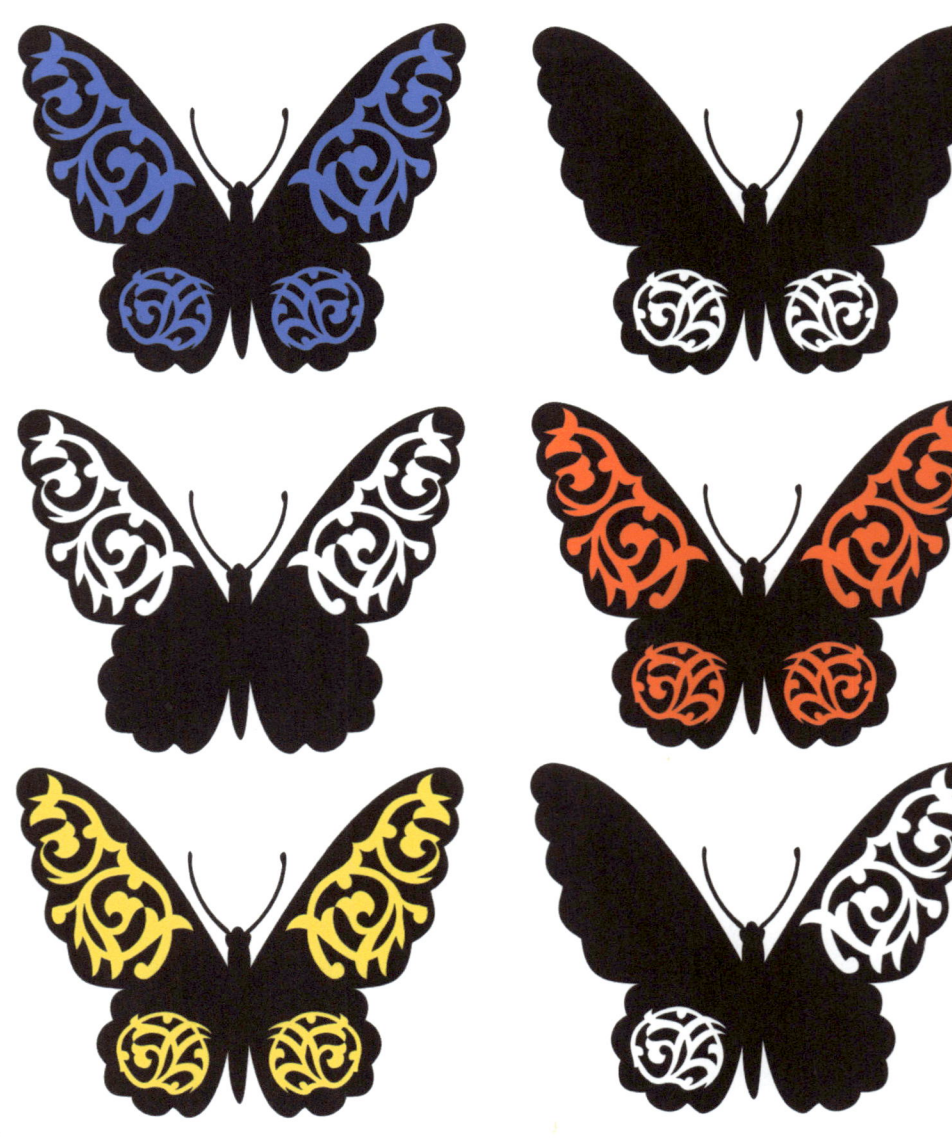

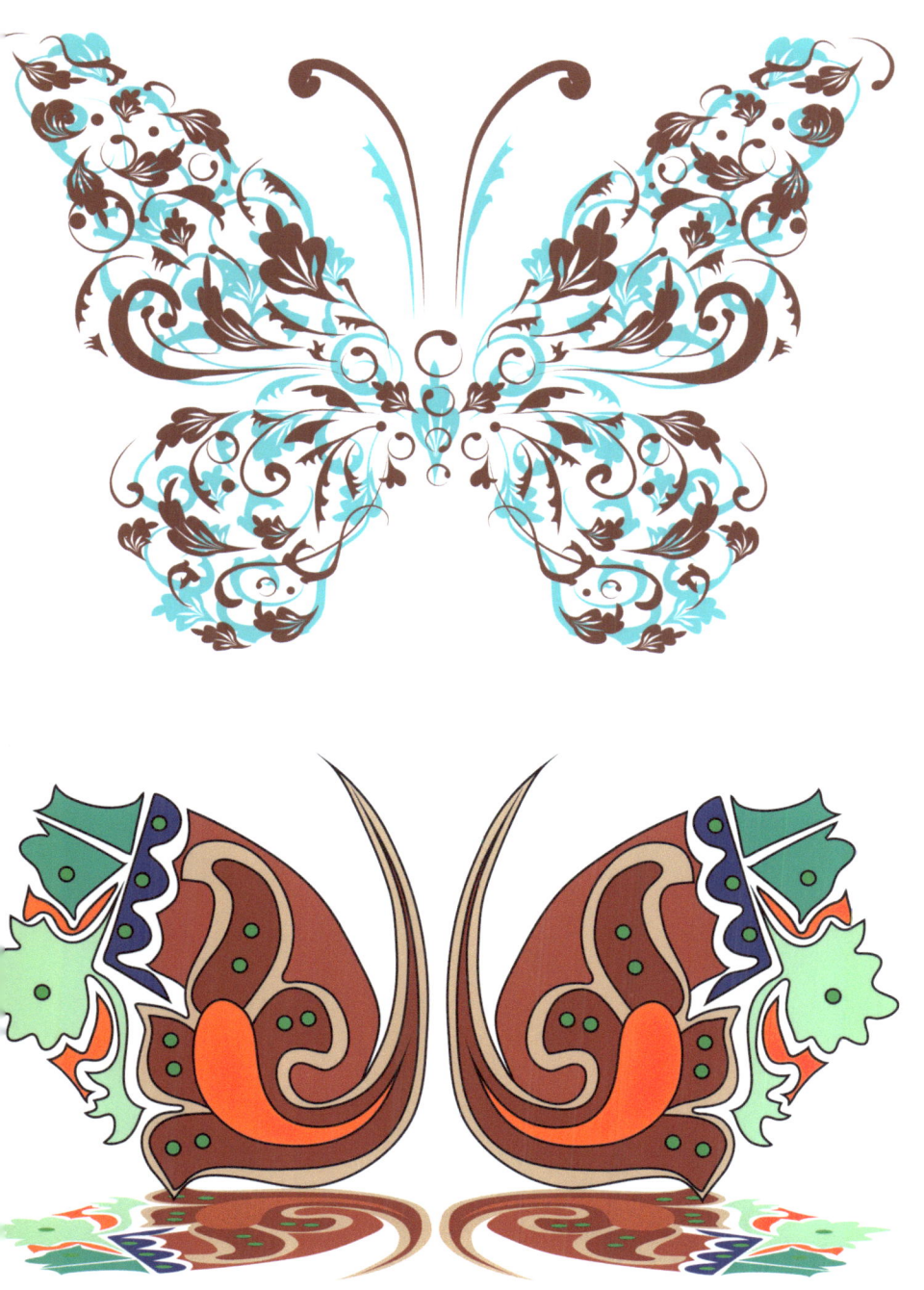

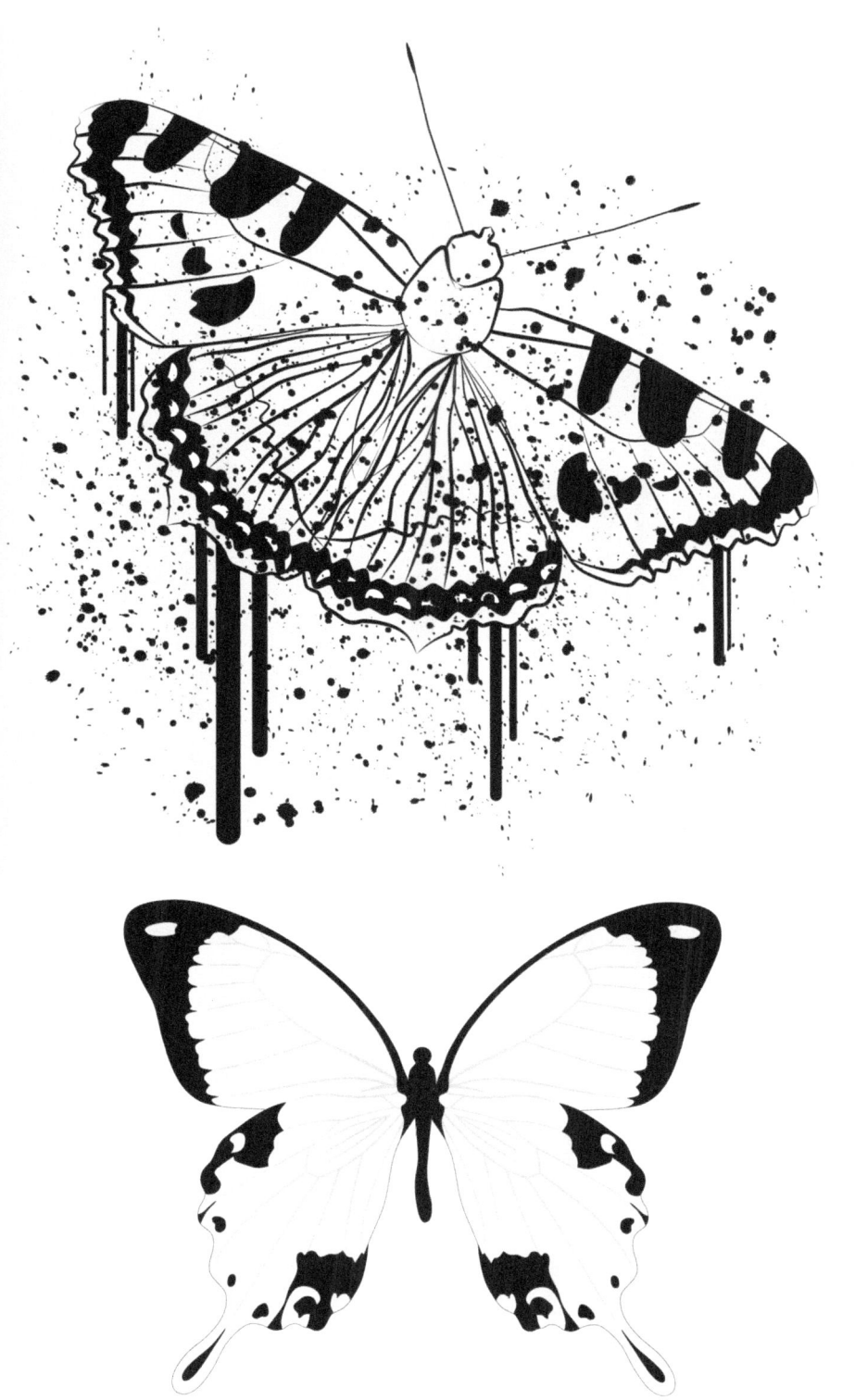

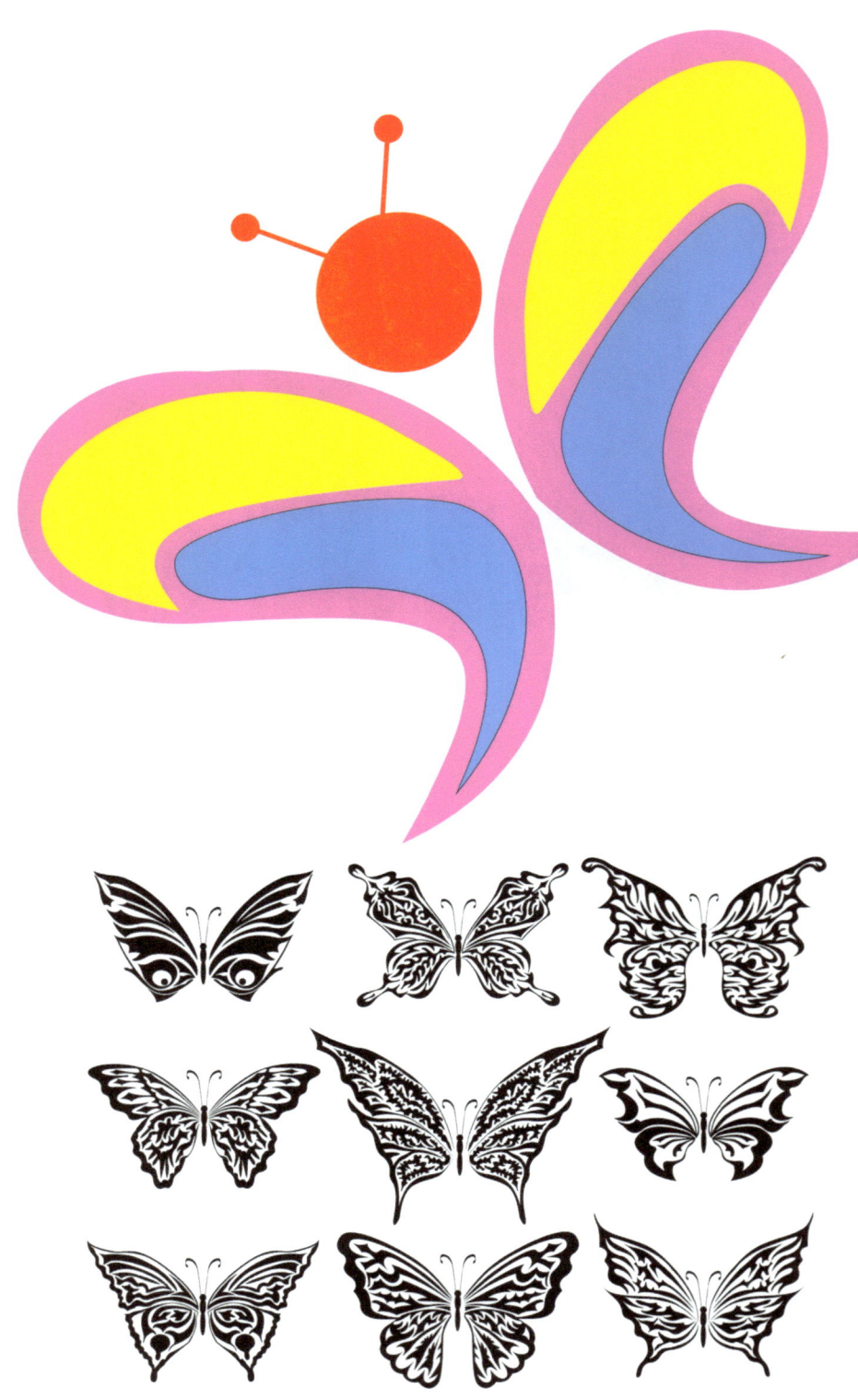

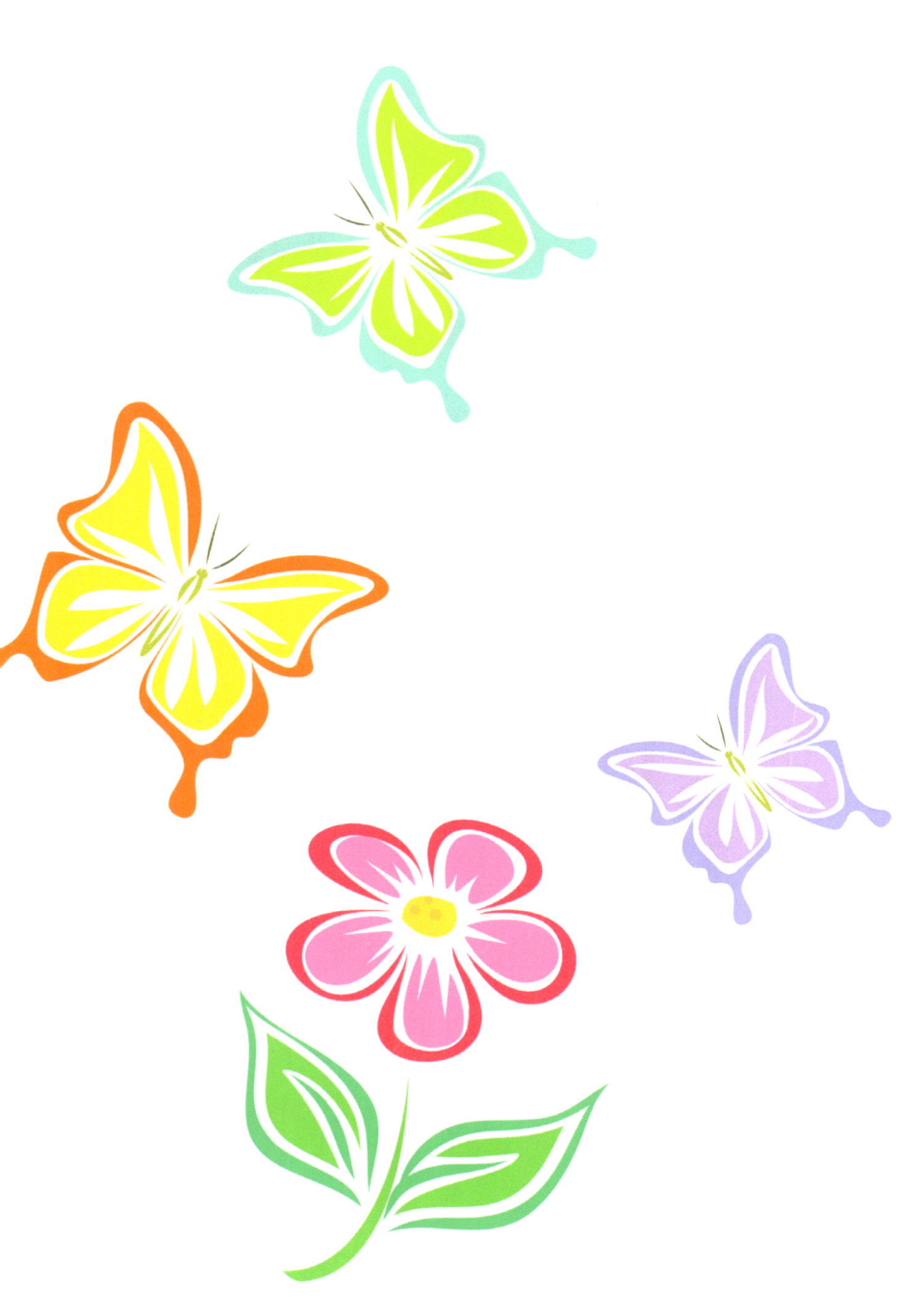

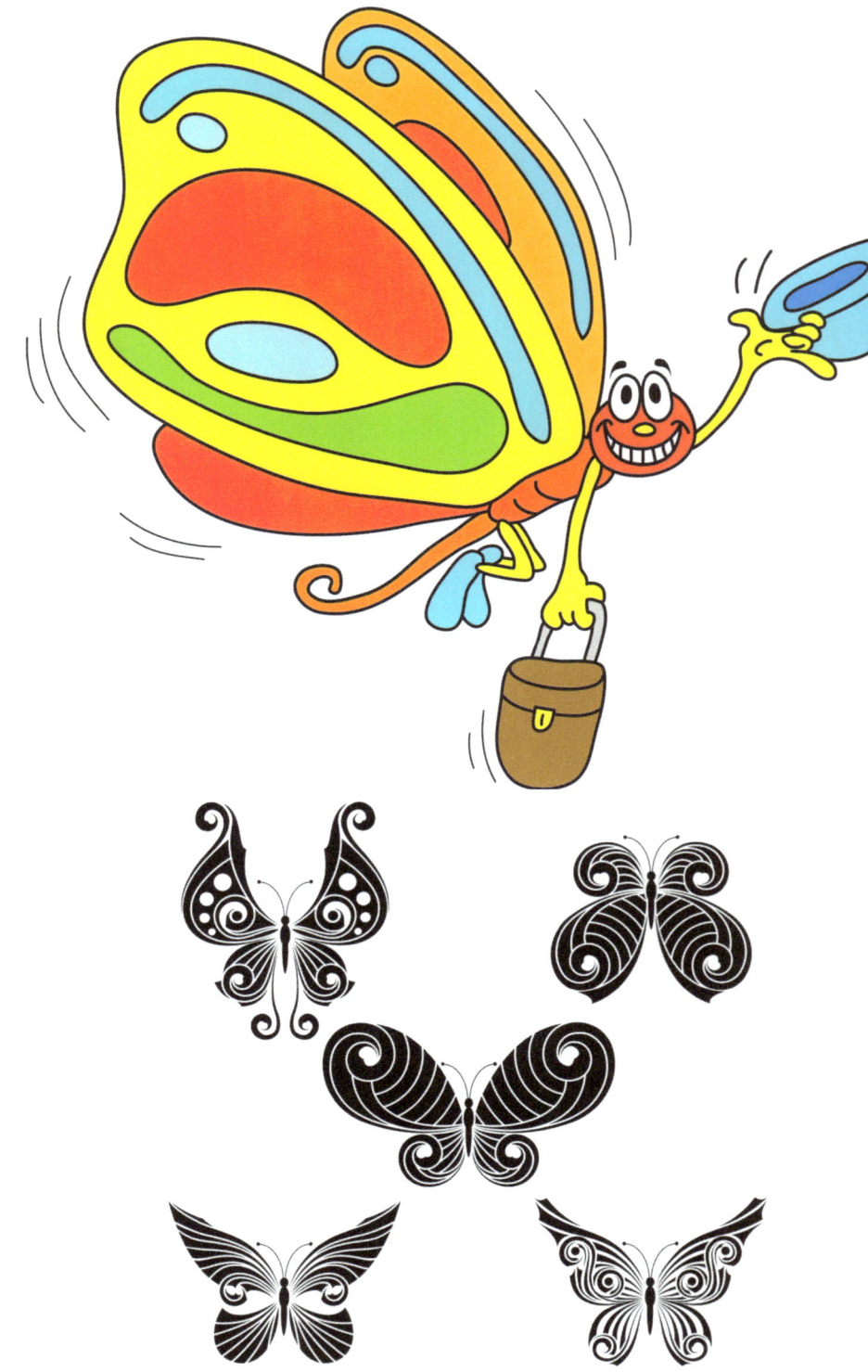

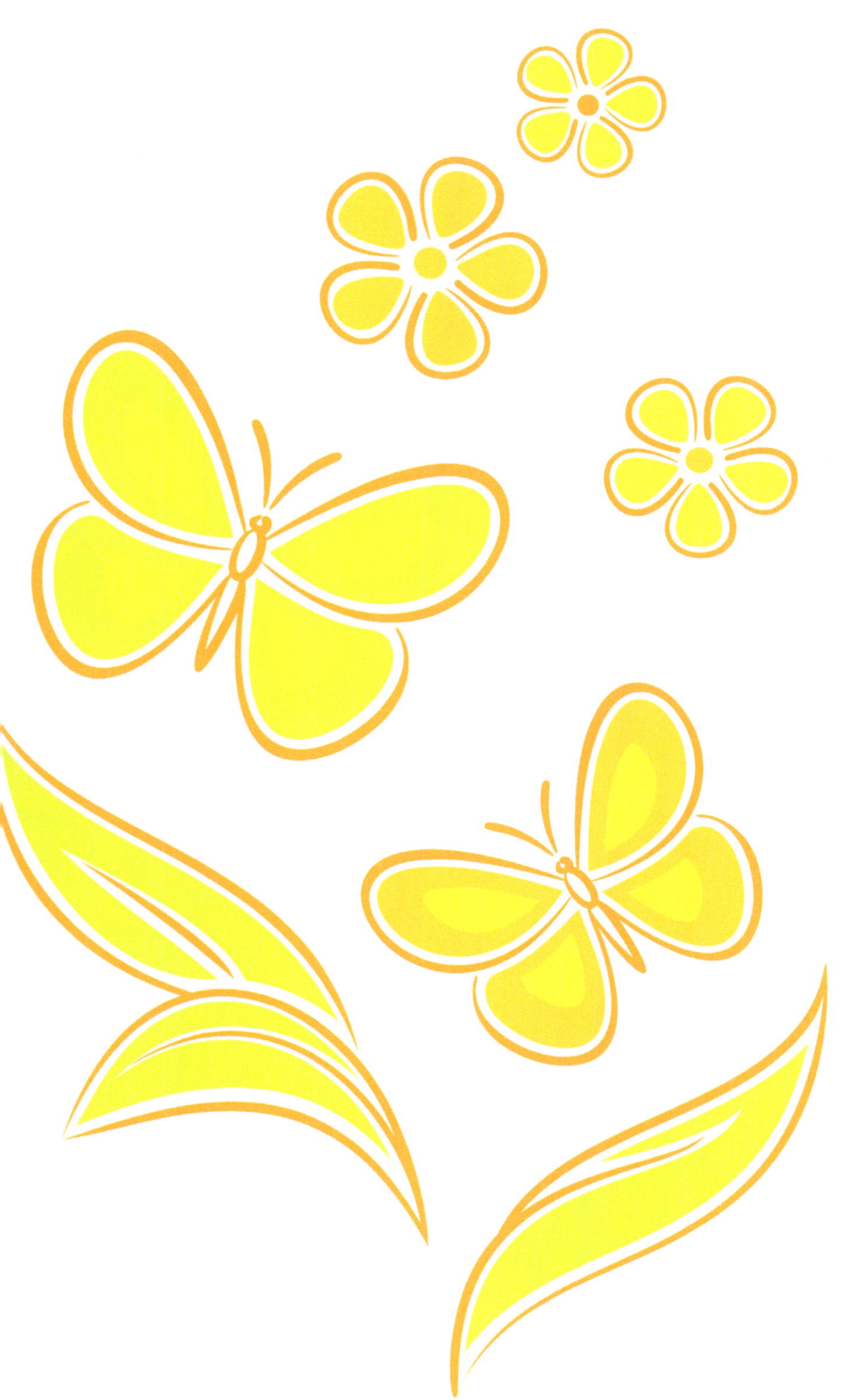

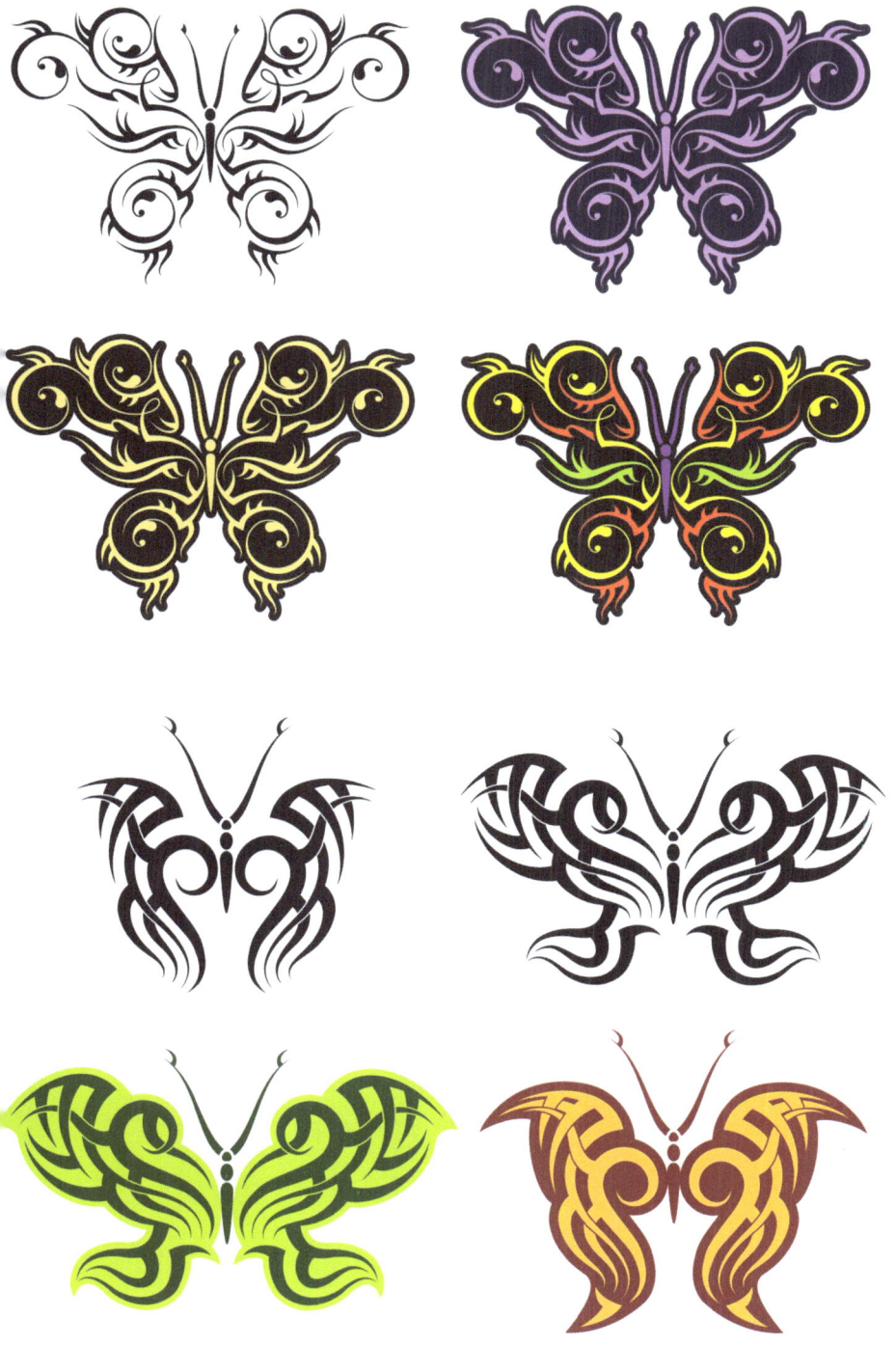

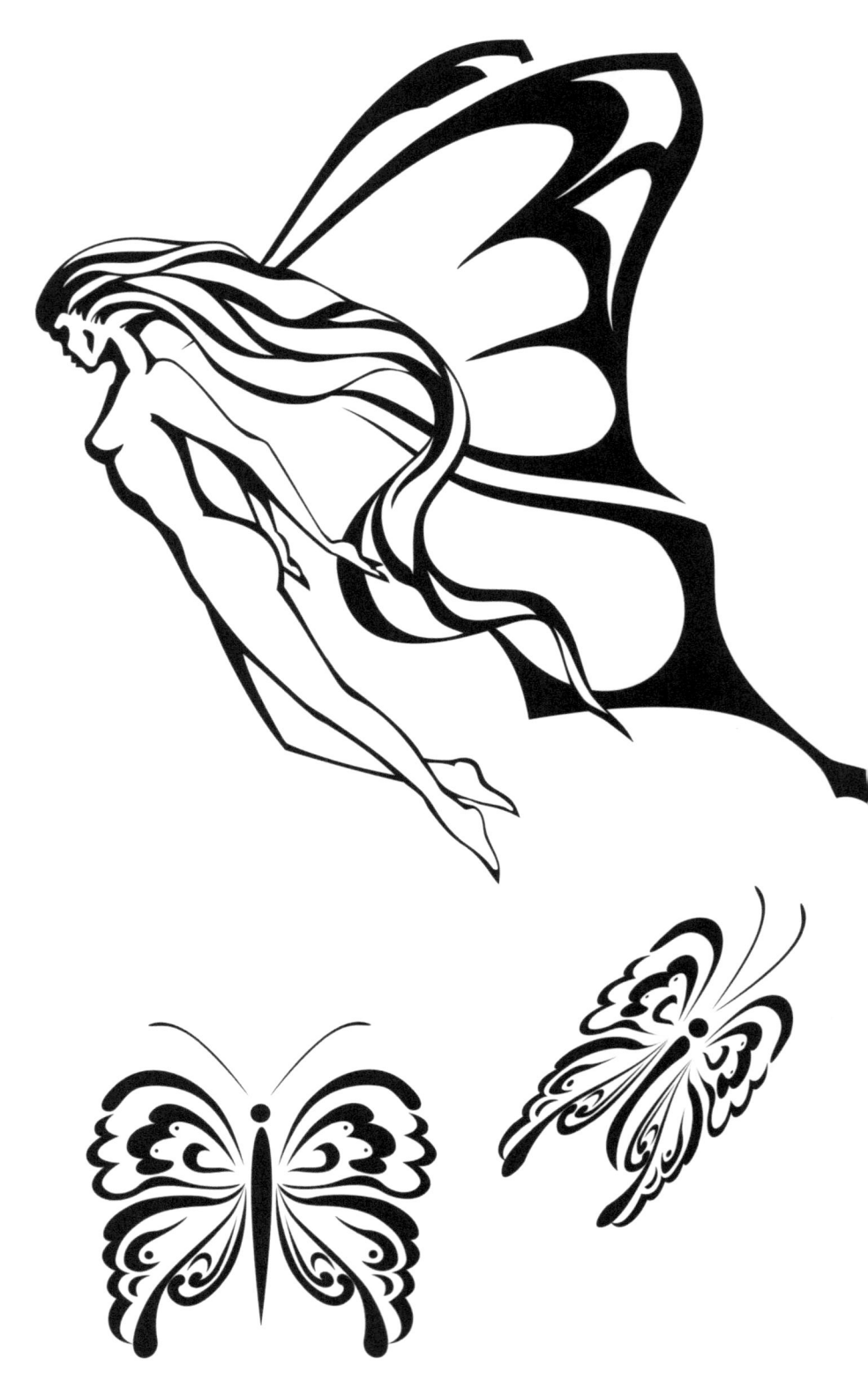

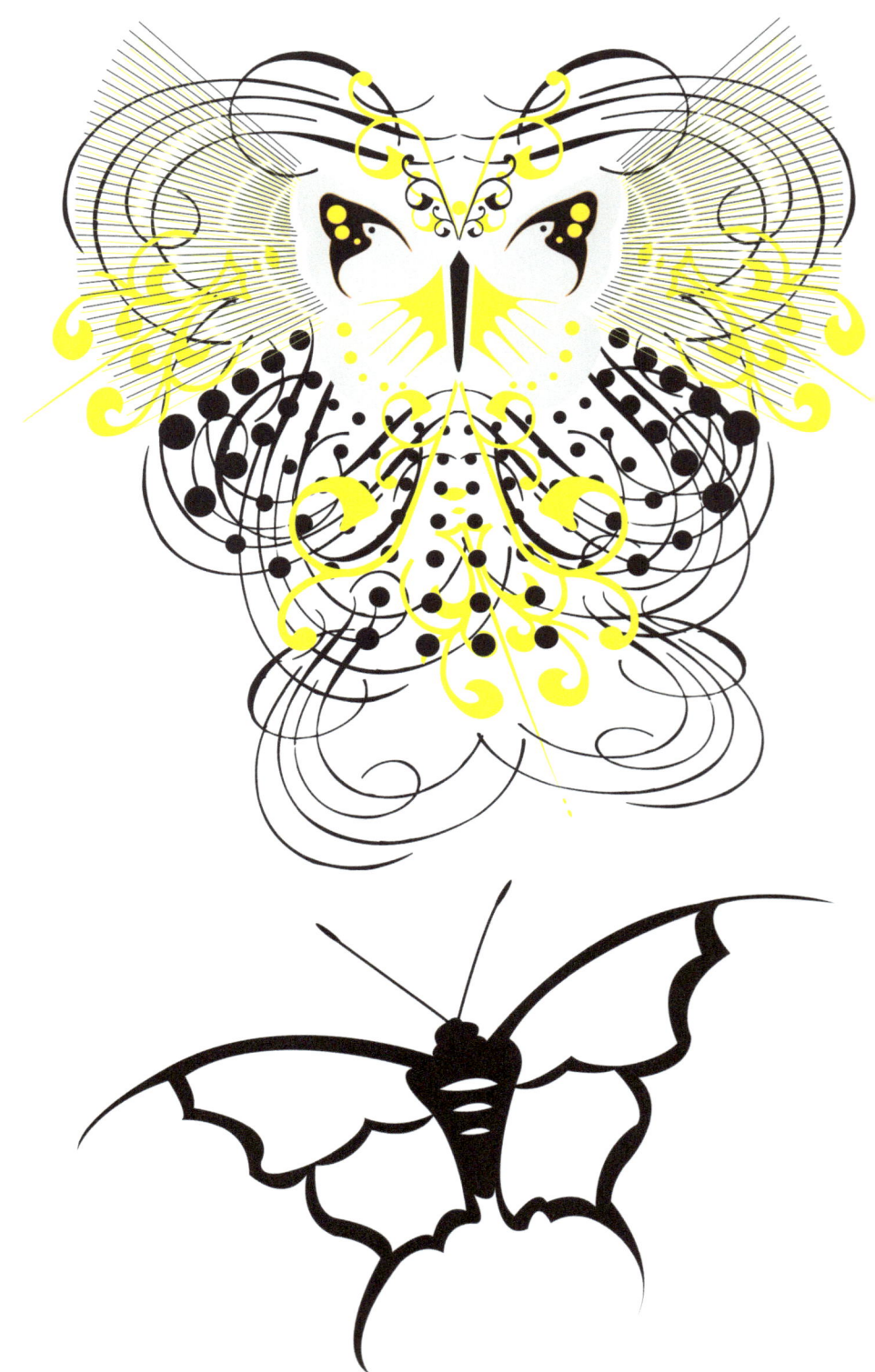

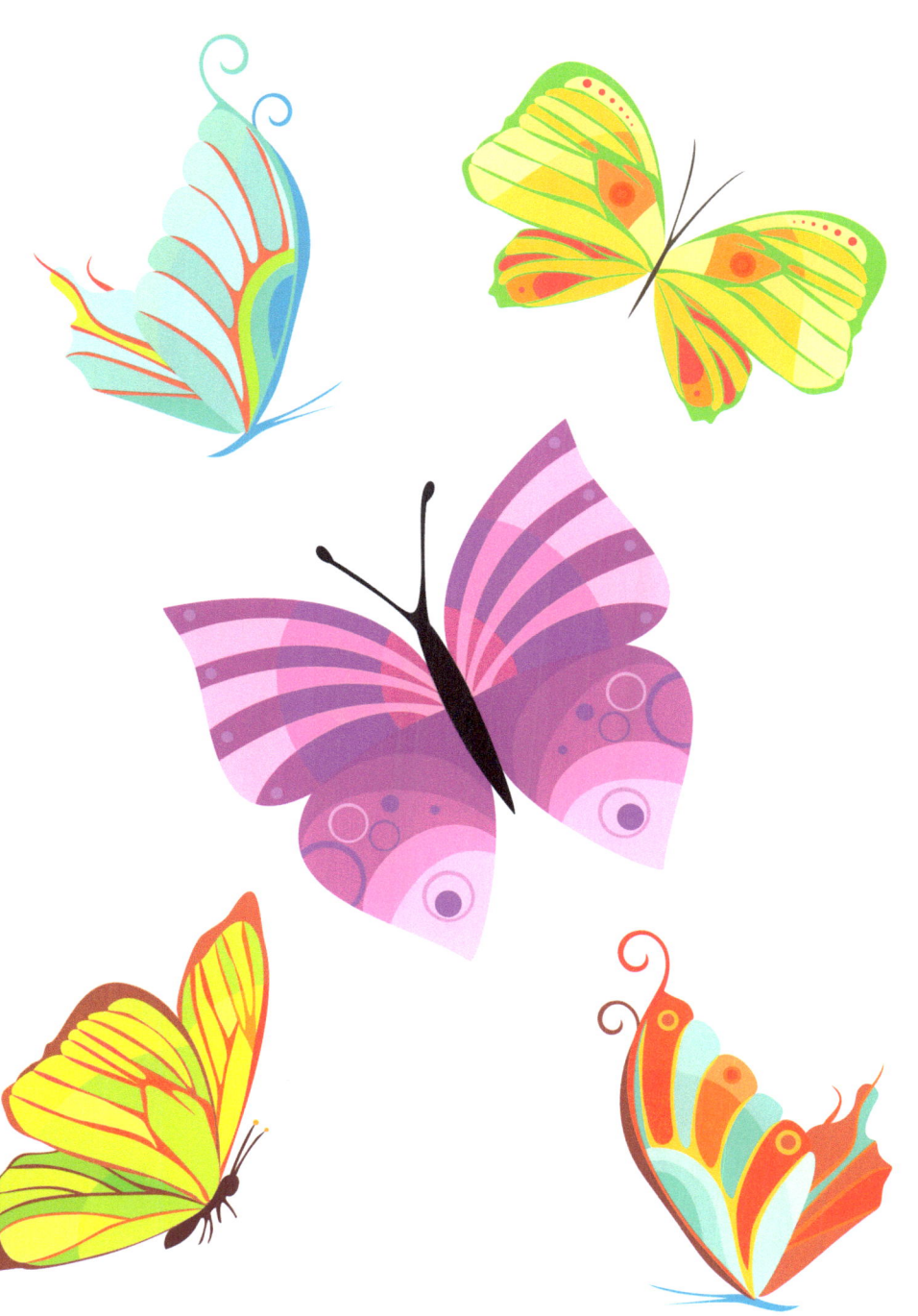

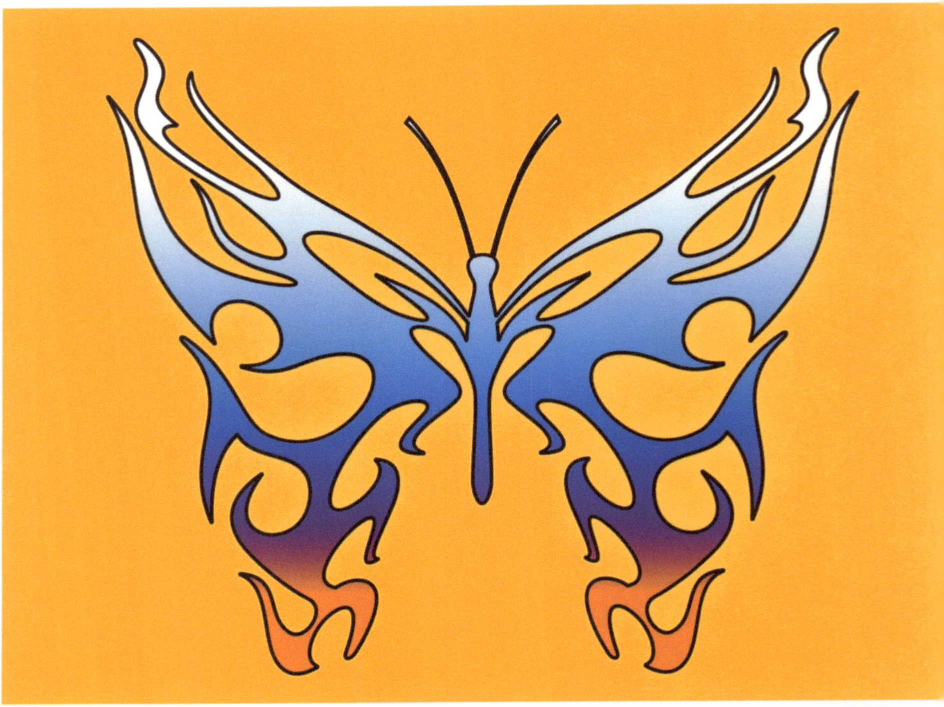

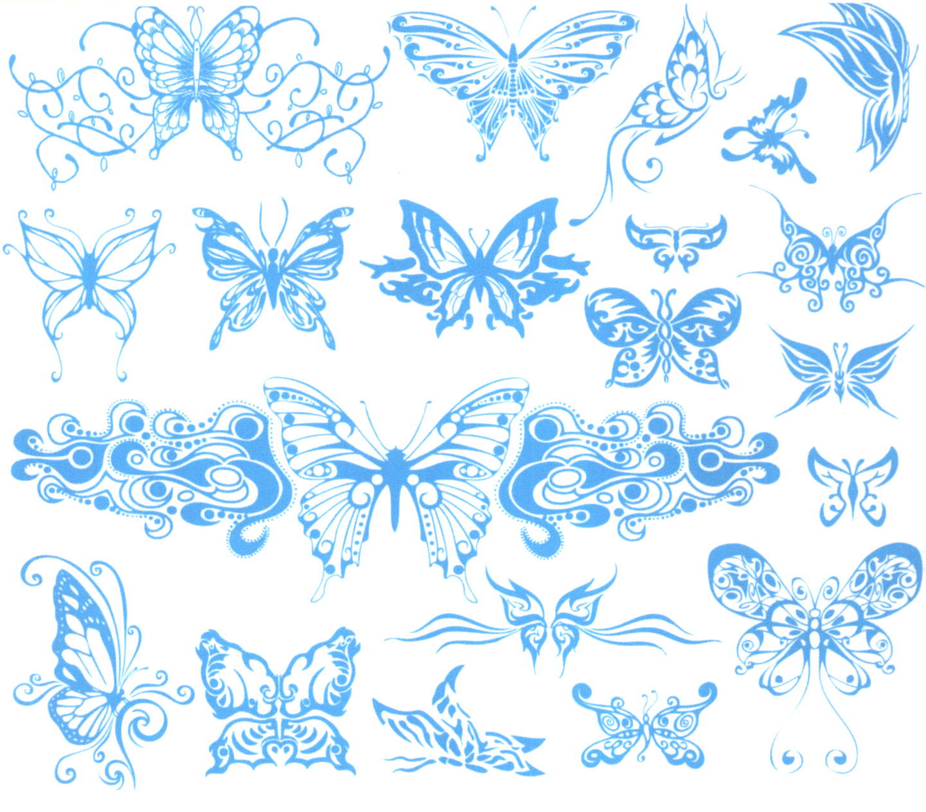

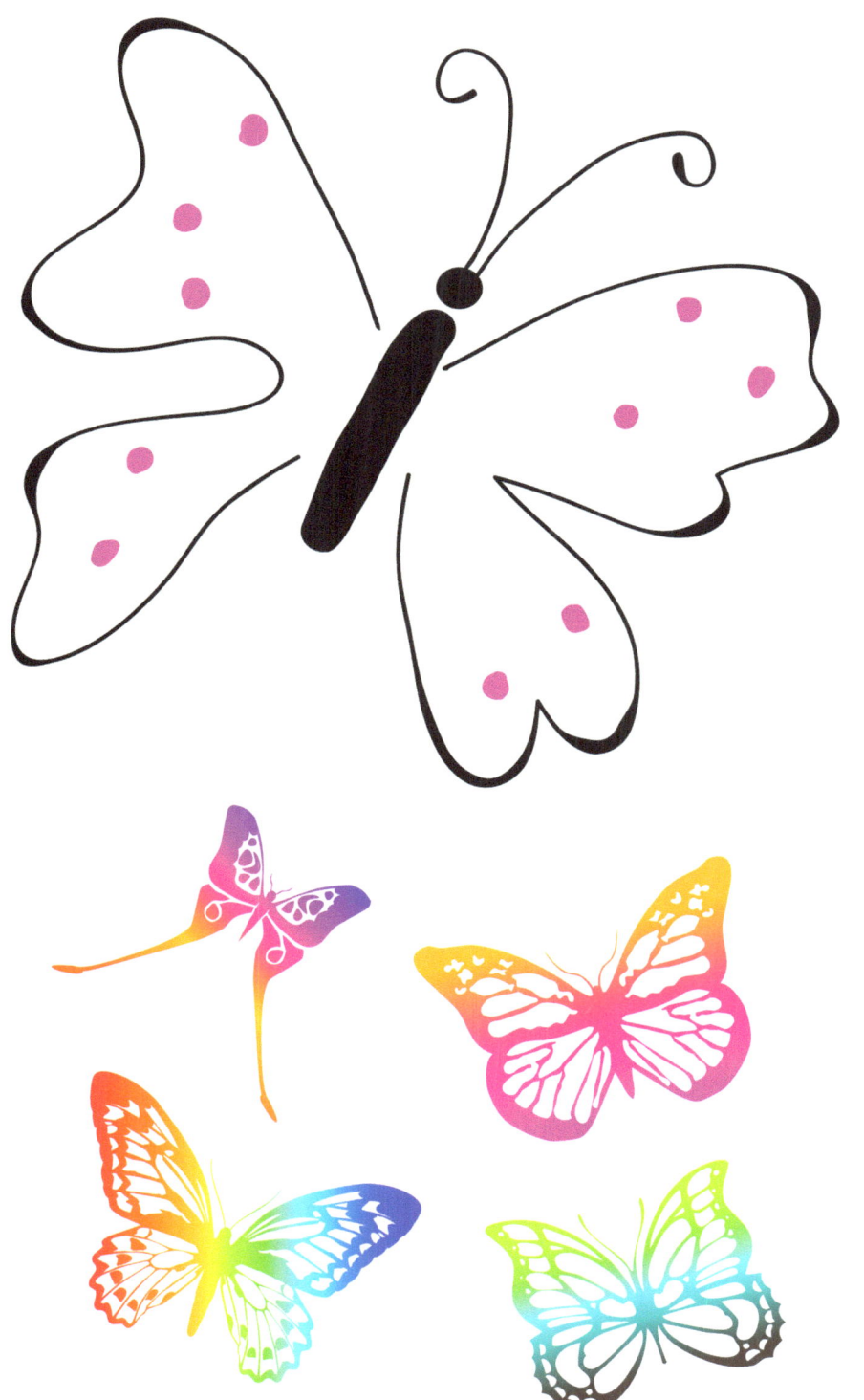

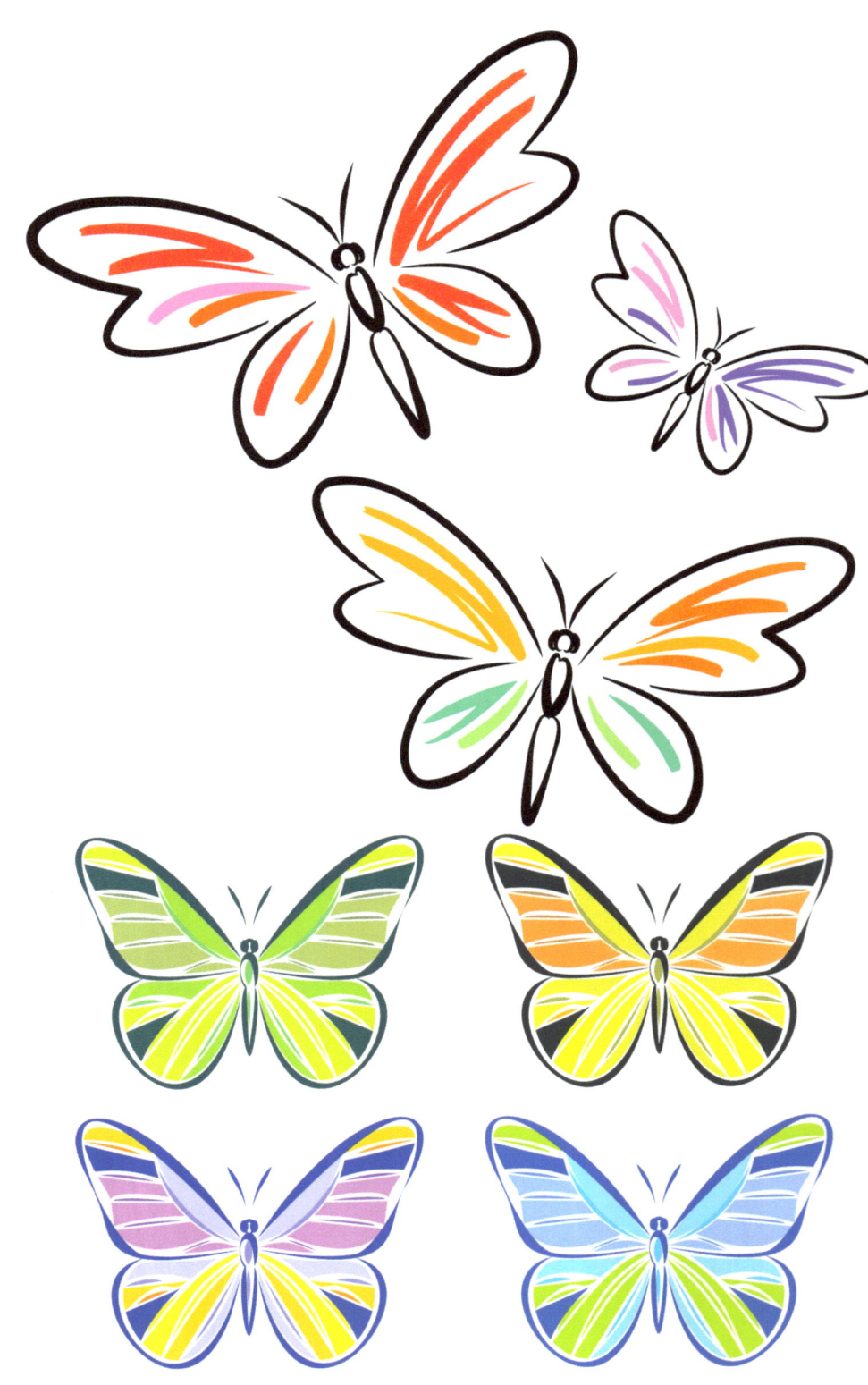

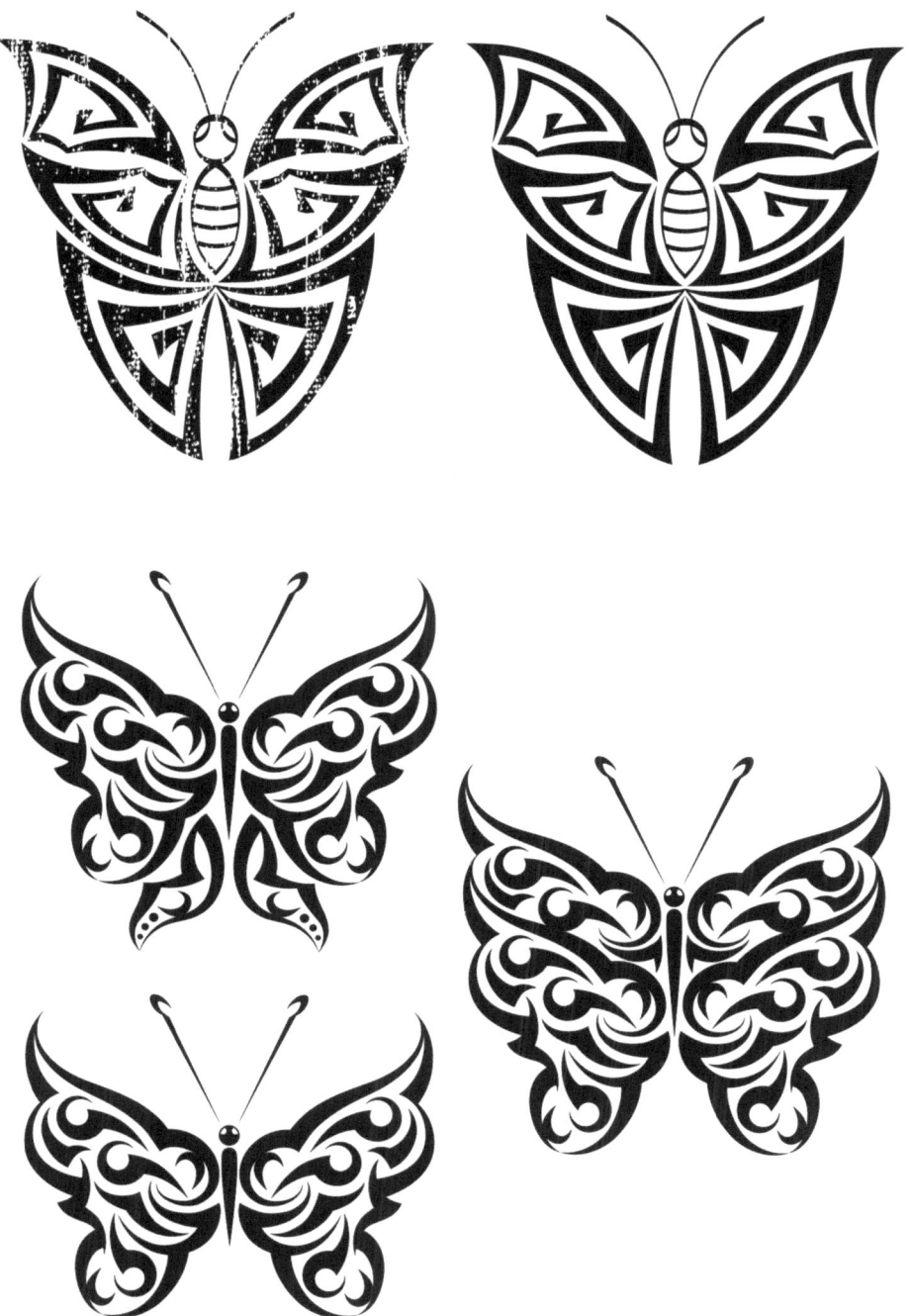

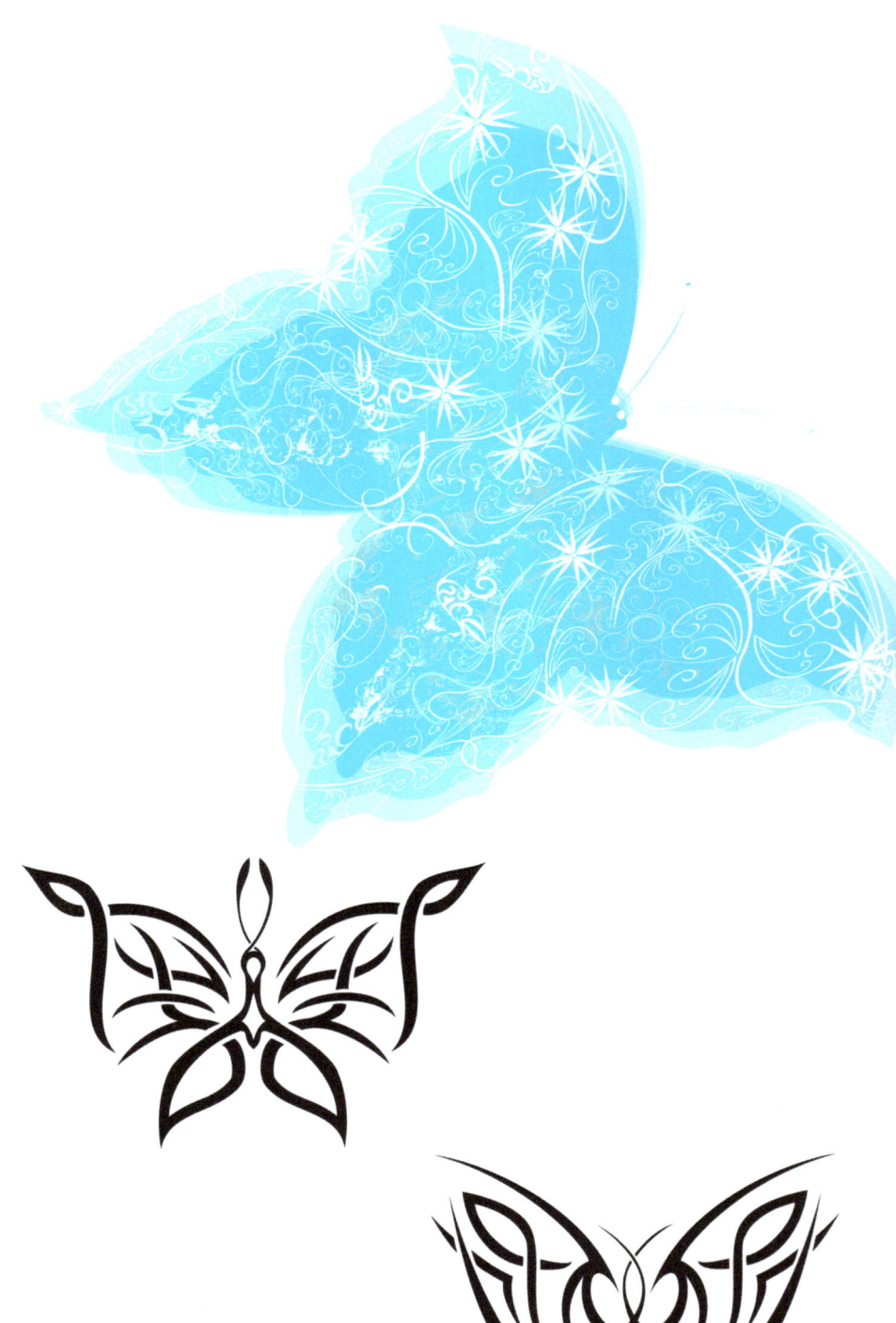

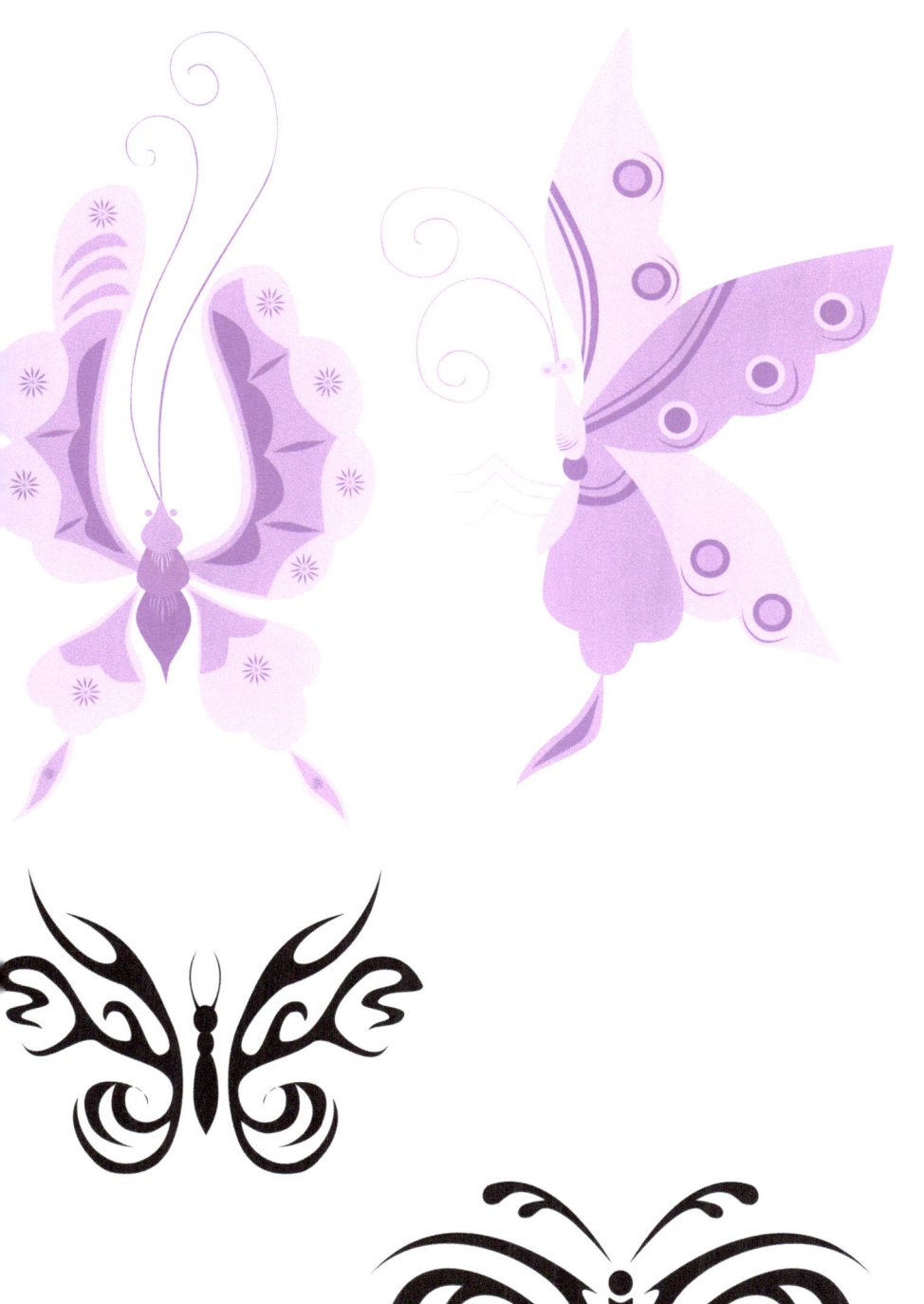

**Otros libros con el mismo autor**

- Tatuajes de cruz
- Tatuajes de ángeles
- Tatuajes de calaveras
- Tatuajes de hadas
- Tatuajes de zodiaco
- Tatuajes de escorpiones
- Tatuajes de colibrí
- Tatuajes de dragones
- Tatuajes de delfines
- Tatuajes de querubín

Más libros, en desarrollo.

www.ingramcontent.com/pod-product-compliance
Lightning Source LLC
Chambersburg PA
CBHW040221220526
45473CB00001B/67